MOLIÈRE

ET

LA COMÉDIE ITALIENNE

PAR

LOUIS MOLAND

—

OUVRAGE ILLUSTRÉ DE VINGT VIGNETTES

Représentant les principaux types du Théâtre italien.

PARIS
LIBRAIRIE ACADÉMIQUE
DIDIER ET Ce, LIBRAIRES-ÉDITEURS
QUAI DES AUGUSTINS, 35

MOLIÈRE

ET

LA COMÉDIE ITALIENNE

ASPECT ORDINAIRE DE LA SCÈNE ITALIENNE
AU XVIᵉ SIÈCLE

D'APRÈS DES VIGNETTES DU TEMPS

MOLIÈRE

ET

LA COMÉDIE ITALIENNE

PAR

LOUIS MOLAND

OUVRAGE ILLUSTRÉ DE VINGT VIGNETTES

REPRÉSENTANT LES PRINCIPAUX TYPES DU THÉATRE ITALIEN

DEUXIÈME ÉDITION

PARIS

LIBRAIRIE ACADÉMIQUE

DIDIER ET Cie, LIBRAIRES-ÉDITEURS

35, QUAI DES AUGUSTINS, 35

1867

Tous droits réservés

Paris. — Imp. de P.-A. BOURDIER et Cie, rue des Poitevins, 6.

PRÉFACE

La littérature italienne n'est pas sans doute la seule littérature moderne que Molière ait mise à contribution. Sans parler de notre vieux fonds français qui lui fut d'une grande ressource, il y a encore le théâtre espagnol qu'il ne négligea point. Il possédait, d'après l'inventaire, malheureusement trop laconique, qui fut dressé de ses livres après son décès, deux cent quarante volumes de comédies françaises, italiennes et espagnoles. Les pièces espagnoles, autant qu'on peut le conjecturer, ne devaient pas figurer dans ce chiffre pour une quantité égale à celle des pièces italiennes ; mais il est certain qu'il y avait là un certain nombre de tomes de Lope de Vega, de Moreto, de Calderon, et d'autres écrivains espagnols. On n'a pas à craindre de se tromper en citant : *El Perro del hortelano, la Discreta enamorada, El Acero de Madrid*, de Lope de Vega; *El Desden con el desden*, de Moreto; *Casa con dos puertas mala es de guardar*, de Calderon, etc.

Molière fut également à même d'étudier de ses propres yeux l'art et les représentations théâtrales des comédiens de cette nation, puisque, de 1660 à 1673, la troupe de Joseph de Prado, entretenue par la reine Marie-Thérèse, alternait avec les comédiens de l'Hôtel de Bourgogne, tout comme les Italiens avec Molière au Palais-Royal. Il fut à même de juger leurs ballets

Tantôt graves, tantôt follets,

comme dit le gazetier rimeur de la *Muse historique*. Il figura, à côté d'eux, dans les fêtes royales, notamment dans le *Ballet des Muses*, en 1666-1667, auquel les quatre troupes concoururent à la fois.

Il y a donc, dans l'œuvre et dans le génie de Molière, une part à faire à l'Espagne, comme une part à faire à l'Italie. Toutefois, cette part est bien moins considérable. L'influence du théâtre espagnol sur notre grand poëte comique n'est pas comparable à celle exercée par le théâtre italien. Les principales créations de l'Espagne qu'il s'est appropriées, *El Burlador de Sevilla* et *Don Garcia de Navarra*, lui sont venues par un détour, en passant par l'Italie. Il n'a pas surtout la même parenté d'esprit avec les auteurs comiques d'au delà des Pyrénées qu'avec ceux d'au delà des Alpes : lors même qu'il use des incidents et des ressorts que ceux-là peuvent lui procurer, sa comédie n'a jamais, ou bien rarement, l'allure ni le ton de la comédie espagnole. Là est la différence importante, la grande inégalité qui existe dans le tribut que les deux littératures méridionales lui ont apporté.

L'étude des rapports de Molière avec le théâtre italien était donc la première qu'il y eût à faire. Comment j'ai été amené à l'entreprendre, c'est ce que s'expliqueront aisément ceux des lecteurs qui savent que j'ai publié une édition des œuvres de Molière avec toutes les recherches et tous les développements qu'une telle publication comporte[1]. Il

1. A la librairie Garnier frères, sept volumes in-8.

y a, à mon avis, deux manières de concevoir une édition des œuvres de Molière : ou publier le texte dans sa nudité magistrale, ou fournir en même temps tout ce que peut recueillir sur l'homme et sur ses ouvrages une érudition spéciale. C'est ce dernier parti que j'avais adopté. J'eus donc à m'occuper des questions de sources et d'origine, et je m'attachai notamment, en usant des documents assemblés par mes devanciers et en tâchant d'y ajouter ma quote-part, à constater et à faire ressortir les relations très-nombreuses qui existent entre l'ancienne comédie italienne et le théâtre de Molière. J'étais obligé, toutefois, de m'en tenir à ce qui touchait immédiatement mon sujet, à ce qui en était, du moins, très-rapproché, sans m'étendre à l'ensemble de la tradition comique de l'Italie. Désireux de donner tous les renseignements utiles, de mettre dans tout leur jour les monuments immortels que je reproduisais, je ne pouvais pourtant dépasser le but; il ne m'était pas permis de les perdre de vue, de m'éloigner trop; je devais me borner à en explorer, pour ainsi dire, attentivement les alentours. Mais, après avoir terminé ce premier travail, je voulus franchir les limites où il m'avait contraint de me renfermer ; je m'engageai alors librement dans les curieuses perspectives que j'avais vues s'ouvrir à mes yeux, et j'essayai d'y pénétrer le plus avant qu'il me fut possible.

Ainsi s'est fait ce livre. Je n'y recommence pas la suite des rapprochements de textes et des indications de sources que j'ai dû faire en commentant Molière. Je prends maintenant mon point de départ là où finit la tâche du commentateur, et je trace ma carrière au delà. J'ai évité le plus que j'ai pu les répétitions d'un ouvrage à l'autre. Un seul document de quelque importance a dû être reproduit tel ou à peu près tel qu'il avait figuré dans la notice du *Festin de Pierre*, au tome III de l'édition ; c'est le canevas du *Convitato di pietra*. Cette pièce rentrait nécessairement dans le cadre de cette étude : elle est trop essentielle et trop caractéristique pour qu'il fût possible de l'omettre ici. Ce morceau excepté, on ne trouvera nulle part qu'il y ait double emploi.

L'étude de la comédie italienne antérieurement à Molière est un sujet infiniment vaste : je n'ai pu, évidemment, que l'effleurer. Je l'ai abordée

a.

par le côté où j'avais affaire, par le côté qui regarde la France et surtout qui regarde Molière. Le champ de mon excursion nouvelle s'en trouve heureusement circonscrit. Il ne s'agit point d'embrasser l'histoire de l'art comique italien dans toute son étendue, mais d'en saisir et d'en montrer seulement ce qui se découvre du point de vue particulier où je suis placé.

On ne s'étonnera donc pas de ce que le tableau pourrait offrir d'incomplet, si on le considérait comme ayant pour objet direct le théâtre italien dans son ensemble ou dans tel développement qui lui est propre. En ce cas, on remarquerait tout d'abord que, dans la galerie des types ou des artistes célèbres de la *commedia dell' arte*, plusieurs ne figurent point parmi ceux que j'ai passés en revue. Le fameux *signor Pulcinella* ou *Polecenella*, par exemple, est absent. Ce n'est certes pas que je méconnaisse ni sa vogue prodigieuse, ni son antique noblesse. Le grotesque napolitain descend-il du Maccus campanien, du *mimus albus* des Atellanes? Est-il né tout simplement dans les circonstances que raconte l'abbé Galiani? Rappelons le récit du spirituel Napolitain.

PRÉFACE.

« Au siècle passé, dit l'abbé Galiani, il y avait dans Acerra, ville de la Campanie Heureuse, une troupe de comédiens qui parcourait la province pour gagner quelque chose. Un jour ils débouchèrent dans une campagne où les paysans faisaient la vendange. Comme en cette occasion l'on buvait plus que de coutume et qu'hommes et femmes travaillaient de compagnie, la gaieté était vive, et chaque passant recevait son brocard. Les comédiens se virent à leur tour exposés aux railleries des vendangeurs; mais, aguerris à cet exercice, il commencèrent à répondre et à renvoyer saillies pour saillies. Or, parmi les villageois il y en avait un, nommé Puccio d'Aniello, à la face comique, au nez long, au teint hâlé, assez facétieux d'ailleurs, et d'esprit pointu. Les comédiens se mirent à le plaisanter tout particulièrement, et lui, il redoublait de lardons et de gausseries. Personne ne voulut céder, et on lutta à qui se moquerait le mieux; les reparties devinrent plus aigres; aux plaisanteries succédèrent les cris et les huées : ce fut une vraie bataille.

« Finalement, le campagnard eut le dessus, et les comédiens, honteux, prirent le parti de s'en aller et revinrent en ville émerveillés. Remis de leur émotion, selon la coutume des gens de théâtre qui tirent profit de toute chose, ils pensèrent faire une bonne affaire s'ils engageaient dans leur compagnie ce *contadino* qu'ils avaient trouvé si facétieux et si spirituel ; ils lui firent des propositions et il les accepta. Ils parcoururent le pays avec leur nouveau bouffe qui réussit à merveille et eut accès partout à la faveur de ses pointes : ce à quoi contribuèrent aussi son physique de caricature et sa tenue de campagnard, à savoir la camisole et le pantalon de toile blanche.

« La troupe gagnait gros et le nom de Puccio d'Aniello était célèbre. Au bout de quelques années Puccio mourut ; mais alors les comédiens le remplacèrent par un compagnon qui parut avec le même costume et le même masque. Il garda aussi l'ancien nom, mais adouci, et s'appela *Polecenella*. D'autres comiques suivirent l'exemple, et bientôt le masque de *Polecenella* se répandit dans tous les théâtres d'Italie et d'Europe[1]. »

Au fond, c'est là probablement la vraie histoire

---

1. Traduction de M. Ristelhuber.

du seigneur Polichinelle et de plus d'un type de la *commedia dell' arte*; seulement les uns prétendent qu'il faudrait peut-être la transporter dans l'antiquité, les autres qu'elle ne doit pas être reculée au delà de l'âge moderne. En tout cas l'abbé Galiani la rajeunit trop en l'attribuant au siècle passé, qui, pour lui, était le dix-septième siècle. Polichinelle est plus vieux que cela, sans contredit. Je ne méconnais, je le répète, ni son ancienneté ni sa popularité. Mais il a eu chez nous une destinée à part : il n'a brillé que sur les théâtres de marionnettes; il n'apparaît point ou guère dans les troupes italiennes qui vinrent en France; il ne s'est point fait place, non plus, sur notre scène comique. C'est encore Molière qui, dans un intermède du *Malade imaginaire*, lui a donné le plus grand rôle; mais il n'est là qu'un prête-nom; il ne fait que remplacer le Pédant, comme on le verra dans la suite de ce livre, et n'a point son caractère original.

Truffaldin, le zanni vénitien, n'eut son succès que plus tard. Le *Narcisino, dessevedo de Mal albergo*, les *Giangurgoli* calabrais n'émigrèrent point. Le *Pagliaccio* n'engendra que vers la fin du siècle dernier le Paillasse de la Foire. Ainsi de bien d'autres masques, dont je n'ai pas eu à m'occuper, parce qu'ils sont restés étrangers à Molière et à notre comédie.

Je ne viens pas des premiers explorer ce curieux et pittoresque canton de la littérature et de l'art. J'arrive, au contraire, après beaucoup d'autres écrivains du siècle dernier et du siècle présent. Les ouvrages de Louis Riccoboni dit *Lelio*, dans la première moitié du dix-huitième siècle, l'*Histoire de l'ancien théâtre italien*, publiée par les frères Parfait en 1753, celle de Des Boulmiers en 1769, les *Annales* d'Antoine d'Origny en 1788, les études de Cailhava d'Estandoux, faites précisément au même point de vue que le mien, constituent toute une série de travaux d'histoire et de critique littéraire, qui témoignent que c'est déjà d'ancienne date que l'attention s'est portée en France sur cette sorte d'invasion comique que je vais décrire à mon tour. Parmi les modernes, il faut citer M. Charles Magnin pour son *Histoire des marionnettes*, et surtout pour son article sur le *Théâtre céleste* dans la *Revue Des Deux-Mondes* du 15 décembre 1847; les deux volumes intitulés *Masques et Bouffons* de M. Maurice Sand, publiés en 1862; un article de M. Jules Guillemot sur le *Théâtre italien* de Gherardi, dans la *Revue contemporaine* du 15 mai 1866. Malgré ces nombreux devanciers, le soin que j'ai pris de remonter autant que possible aux textes et aux documents originaux, m'a permis d'apporter dans cette étude quelques éléments nouveaux, que le lecteur qui a étudié ces questions saura facilement reconnaître.

En terminant, j'adresse mes remercîments à M. G. Saige, archiviste aux Archives de l'Empire, à l'obligeance de qui je dois d'avoir pu y recueillir quelques précieux renseignements. J'ai aussi des obligations particulières à M. Francisque, qui a ouvert à mes recherches la riche collection théâtrale qu'il a formée, et dont il reste le zélé conservateur, depuis qu'elle appartient à la Société des Auteurs dramatiques; j'ai trouvé dans cette collection, créée avec une intelligence et une persévérance si remarquables, des ouvrages que j'avais demandés vainement aux plus grandes bibliothèques de Paris.

MOLIÈRE
ET
LA COMÉDIE ITALIENNE

CHAPITRE PREMIER

PRÉLIMINAIRES.

S'il est un fait établi par les lois les plus constantes de l'histoire, c'est que les grands poëtes et les grands artistes n'ont pas été en leur temps des accidents fortuits, des phénomènes isolés. Ils ont été produits, au contraire, par une longue élaboration : ce sont, presque sans exception, des ouvriers de la dernière heure. Quand les matériaux sont rassemblés de toutes parts, préparés, dégrossis, et qu'il n'y a plus qu'à les mettre en place, l'homme de génie vient à l'heure favorable, il leur imprime le mouvement et la vie; et les éléments épars se disposent et s'élèvent en édifices. Son intervention est décisive, à la vérité; sans lui, ces matériaux auraient été anéantis ou du moins bientôt ruinés; il a donné aux monuments qu'il en a formés la solidité, la supériorité qui les rend immortels. Mais il a profité du travail accompli avant lui; il n'a eu qu'à le compléter, et, sans ce fonds antérieur, peut-être n'aurait-il pu faire son œuvre.

Par la suite des siècles, quand tout ce qui a précédé et préparé les créations du génie a disparu dans l'oubli, les œuvres éminentes, les monuments qui restent seuls debout, apparaissent à une hauteur inexplicable, et telle qu'on s'imagine avec peine qu'ils aient été construits par des hommes. La critique moderne s'est attachée à dissiper cette illusion qui pourrait être décourageante, à rétablir l'état des obligations plus ou moins considérables que les grands hommes ont contractées envers leurs devanciers inconnus. Elle a par ses recherches reconstitué la tradition ou les traditions complexes d'où ils sont issus. Quand elle n'a pu établir leur filiation, elle l'a entrevue ou devinée. C'est ainsi qu'on a exhumé la longue suite des précurseurs du Dante; qu'on a retrouvé les germes déjà puissants des drames de Shakespeare. Homère lui-même, quoique placé à une telle distance de nous, à une telle profondeur dans l'obscurité des âges, a vu évoquer, comme des ombres indécises, ses précurseurs, les aèdes et les rapsodes, qui ont failli compromettre jusqu'à son existence individuelle.

A plus forte raison a-t-on fait cette enquête pour ceux qui sont plus voisins de nous, plus accessibles, pour ainsi dire, et qui passeront pour nos contemporains, quand les siècles futurs les apercevront à la même distance d'où nous autres nous voyons Homère. Notre grand poëte comique Molière a été, l'un des premiers, livré à la curiosité de l'érudition. Elle a voulu voir clair dans ses origines, elle a poursuivi sa filiation littéraire avec persévérance, avec acharnement.

On a reconnu les sources où s'alimentait son génie ; on a expliqué de quels théâtres antérieurs procède son théâtre. On a su où il a trouvé son bien et où il l'a pris. Le creuset a donné parfois des résultats bien étranges : on a vu ce qu'il fallait d'éléments divers combinés et fondus ensemble pour former un chef-d'œuvre, et ce qu'il entrait de réminiscences dans la plus franche originalité.

La gloire du maître de la comédie n'a, du reste, rien perdu ces investigations, et l'admiration qu'il inspire n'a fait que s'accroître, à mesure qu'on a pénétré la plupart de ses secrets. Pendant sa vie, c'était l'esprit de dénigrement qui appelait l'attention sur les sources où il puisait. Aujourd'hui un tout autre sentiment dirige les recherches dans le même sens, c'est l'intérêt de plus en plus vif qui s'attache à tout ce qui a pu servir son génie, c'est le désir de montrer comment l'imagination ne crée point de rien, comme quelques-uns se le figurent, mais transforme et vivifie ce qu'elle touche, et d'une chose morte fait une chose impérissable. On ne saurait aller à meilleure école ni recevoir de plus hautes leçons. Qui peut dire s'il ne surgira personne pour en profiter ?

Molière appartient avant tout à la tradition française. La tournure, pour ainsi dire, de son observation, le caractère de sa raillerie sont absolument propres à notre race et à notre pays. Elles lui vinrent, par une chaîne ininterrompue, des plus anciennes productions de notre langue ; elles arrivèrent jusqu'à lui en droite ligne par les fabliaux, par les conteurs du quinzième et du seizième siècle, par Rabelais, Montaigne, Régnier. Sa philosophie, c'est-à-dire sa manière de concevoir la vie et d'expliquer ce monde, ne doit rien non plus aux étrangers. Il est nôtre et bien nôtre dans tout ce qui est essentiel. Personne ne s'avisera de le contester. Mais, il est impossible de le méconnaître, il est tributaire d'autres littératures. Ainsi, à l'antiquité, il doit non-seulement des sujets de pièce et des caractères qu'il a heureusement appropriés à notre scène, mais encore l'idée générale qu'il s'est faite de son art. Il n'est guère moins redevable à la littérature italienne. Deux littératures modernes, qui, à une certaine époque, avaient devancé la France, donnèrent l'impulsion à notre théâtre. Elles exercèrent chacune une influence spéciale sur les deux grands génies qui fondèrent chez nous l'un et l'autre genre dramatique : Pierre Corneille, le père de la tragédie, fut soutenu dans sa puissante initiative par la littérature espagnole; Molière, le comique, s'inspira davantage de l'art de l'Italie.

Molière dut principalement aux Italiens le mouvement de son théâtre. L'action dramatique ne paraît pas avoir été très-naturelle à l'esprit français qui a toujours été fort enclin aux discours. Dès le principe, dès les premiers essais, le dialogue prit sur notre scène un développement préjudiciable à l'action; celle-ci est vive sans doute dans la Farce primitive, mais combien le dialogue domine dans les Mystères et les Moralités! Or les Mystères et les Moralités étaient de vastes compositions entre lesquelles la Farce fluette ne se faisait qu'une toute petite place : pour quelques scènes de *Maître Pathelin*, combien de lourdes Moralités comme celle des *Blasphémateurs du saint nom de*

Dieu, ou d'immenses Mystères comme ceux de l'Ancien et du Nouveau Testament !

En Italie, au contraire, le mouvement, l'action règne souverainement sur le théâtre. Dans ce qui est aux yeux des Italiens le véritable art comique, dans la *Comédie de l'art*, la parole est absolument subordonnée et compte à peine. Aussi quelle source abondante de jeux de scène, de combinaisons ingénieuses, de brusques et saisissantes expositions ils nous offrent !

Ils connaissent admirablement tous les ressorts capables d'imprimer au drame une marche rapide. Molière n'eut garde de dédaigner les leçons de ces excellents praticiens : il apprit à leur école à traduire pour la perspective de la scène telle disposition de caractère, tel retour de sentiment, telle préoccupation d'esprit dans un personnage. Il les étudia dans leurs œuvres, il les étudia dans leur jeu ; il fut leur disciple, mais un disciple qui surpassa ses maîtres.

Il était, du reste, parfaitement placé pour recevoir d'eux tout l'enseignement qu'ils pouvaient donner. Jeune, il alla voir sans doute les troupes italiennes qui se succédaient à Paris, aussi souvent que les comédiens de l'Hôtel de Bourgogne. Au moment où Jean-Baptiste Poquelin, entraîné par sa vocation, engagé dans la troupe de l'*Illustre Théâtre*, représentait aux fossés de Nesle ou au port Saint-Paul les tragédies de Tristan et de Magnon, ce n'étaient pas seulement les Montfleury, les Floridor, les Madeleine Beauchâteau qui lui enlevaient la faveur du public et rendaient l'*Illustre Théâtre* désert, c'étaient aussi Tiberio Fiurelli sous les traits du noir Scaramouche, Domenico Locatelli sous le masque de Trivelin, Brigida Bianchi sous les atours et le nom d'Aurélia.

Après ses caravanes en province, lorsqu'il est de retour à Paris en 1659, Molière partage encore avec les acteurs italiens la salle du Petit-Bourbon ; ils jouent alternativement sur les mêmes planches, un jour les uns, un jour les autres. Il en est de même au théâtre du Palais-Royal, à partir du mois de janvier 1662. Jusqu'à la mort de Molière et au delà, Français et Italiens se firent concurrence, s'imitèrent, s'empruntèrent réciproquement ce qu'ils avaient de meilleur, rivalisèrent dans les fêtes de cour, où ils étaient fréquemment réunis et mis en présence.

Il y a, comme on le voit, un grand intérêt à déterminer aussi exactement que possible quel est le contingent que la comédie italienne a apporté à Molière et par lui à notre littérature comique. C'est le but que nous nous proposons dans cette étude ; mais, pour l'atteindre, nous serons obligé de faire un assez long circuit ; comme nous passerons par des sentiers peu connus au moins du grand nombre des lecteurs, nous espérons qu'ils ne feront pas de difficulté de nous suivre.

CHAPITRE II

LA COMMEDIA DELL'ARTE.

La comédie italienne est double, elle se divise en deux genres distincts : la comédie écrite en vers ou en prose ou comédie régulière, et la comédie populaire et improvisée, *commedia dell' arte*. La comédie régulière ou soutenue, comme on disait encore, n'a commencé qu'au quinzième siècle. Elle compte, à partir de cette époque, beaucoup de noms illustres et d'œuvres remarquables. Citons l'Arioste, le cardinal Bibbiena, Machiavel, Ruzzante, Pietro Aretino, Francesco d'Ambra, Ludovico Dolce, Annibal Caro et des milliers d'auteurs qui firent admirer surtout la complication et la singularité des intrigues qu'ils inventaient et les grâces souvent trop libres de leur dialogue.

La comédie de l'art, *all' improviso*, paraît avoir toujours existé en Italie ; on la rattache aux Atellanes; on en retrouve les principaux types dans les fresques de Pompéi et d'Herculanum. On suit assez bien les transformations de ces types à travers le moyen âge, jusqu'à l'époque de la Renaissance, où leur rôle s'agrandit et leur succès prit des proportions nouvelles. Aux quinzième et seizième siècles, la comédie improvisée devint un art très-savant qui lutte avec la comédie régulière, qui crée plus que celle-ci des caractères durables, qui laisse dans l'imagination des peuples une trace plus profonde, et qui se vulgarise et se popularise dans toute l'Europe.

Si cette forme de l'art s'est uniquement produite en Italie, c'est que les Italiens ont porté plus loin que tout autre peuple le talent du mime et de l'acteur. « La nation est vraiment comédienne, disait encore le président de Brosses en 1740 ; même parmi les gens du monde, dans la conversation, il y a un feu qui ne se trouve pas chez nous qui passons pour être si vifs. » Ajoutez que dans l'Italie catholique la profession du théâtre fut sans contredit plus considérée qu'en aucun pays du monde ; les princes et les cardinaux témoignaient pour cet art une admiration sans scrupules. Les saints même lui témoignaient une certaine indulgence. On a souvent cité à ce propos le trait curieux de l'administration de saint Charles Borromée, le grand archevêque de Milan, que M. Ch. Magnin rapporte en ces termes :

« Des récits contemporains, dit-il, nous apprennent que le gouverneur de cette ville ayant appelé, en 1583, Adriano Valerini avec la troupe qu'il dirigeait, fit suspendre leurs représentations, ému par de soudains scrupules de conscience. Le pauvre directeur réclama, et le gouverneur embarrassé s'en remit à la décision de l'archevêque. Le bon prélat donna audience aux comédiens, discuta leurs raisons, et, finalement, les autorisa à continuer leurs jeux dans son diocèse, à la condition de déposer entre ses mains le canevas des pièces qu'ils voudraient représenter. Il chargea de l'examen le prévôt de Saint-Barnaba, et, quand il n'y trouvait rien de répréhensible, le saint archevêque donnait son approbation et signait les canevas de sa main. Louis Riccoboni raconte que, dans sa jeunesse, il avait connu une vieille actrice nommée Lavinia qui avait trouvé dans l'héritage de son père, comédien comme elle, un assez grand nombre de ces précieux canevas revêtus de la signature de Charles Borromée. »

Les Académies, si nombreuses et si influentes en Italie, s'empressaient de recevoir dans leur sein les comédiens et les comédiennes distinguées. Il s'ensuivit que ceux qui embrassèrent cette profession furent souvent des gens bien nés, instruits, poëtes et beaux esprits. Il n'est pas surprenant, dès lors, qu'ils ne se bornèrent point au rôle d'interprète, qu'ils se chargèrent d'inventer, non-seulement le scenario, mais le dialogue. Une imagination vive, un langage souple et harmonieux leur rendaient facile l'improvisation qui était, du reste, dans les habitudes de la nation. On comprend donc, au milieu de l'épanouissement de tous les arts que faisait fleurir la Renaissance, les progrès de la *commedia dell'arte*.

Elle partit des tréteaux, des parades de foire, des mascarades et divertissements de carnaval, cela n'est pas douteux. Les bouffons et les masques créèrent les types qui allaient se perpétuer et devenir bientôt cosmopolites. En même temps qu'ils conservaient les souvenirs et souvent les costumes et les attributs des grotesques antiques, ils inventaient des caricatures nouvelles, des parodies satiriques. Chaque province, chaque ville concourait à la fête, fournissait son personnage. Les villes d'université comme Bologne enfantèrent tout naturellement le docteur, le pédant ridicule, dont chaque mot est une délicieuse ânerie ; les modèles

PANTALON.

LE DOCTEUR.

n'étaient pas rares dans un temps où l'engouement pour les lettres grecques et latines dégénérait aisément en folie; c'était l'époque où Philelphe le Florentin et Timothée entamaient, à propos de la force d'une syllabe grecque, une querelle acharnée, dans laquelle le dernier jouait et perdait sa grande barbe et en mourait de chagrin. La commerçante Venise caricaturait le vieux marchand, tantôt magnifique, tantôt avare, vaniteux, galant et toujours dupé, et créait messer Pantalon. Les Espagnols fanfarons, maîtres de la plus grande partie de l'Italie, firent ressusciter le *Miles gloriosus* de Plaute, le capitan, le matamore, qui jouit d'une si longue popularité. Quant aux fourbes, les Napolitains en particulier n'en laissaient pas perdre la race, ils étaient bien capables d'enrichir la fertile lignée des valets intrigants et impudents du théâtre antique[1].

---

1. Nous reproduisons les quatre principaux types de la *commedia dell' arte* : Pantalon, le Docteur, le Capitan, le *zanni* ou le valet. Les personnages extrêmement variés que la suite des temps introduisit sur le théâtre italien peuvent presque tous se rattacher à ces quatre types principaux.

Pantalon est reproduit d'après Callot; voici ce que dit Louis Riccoboni relativement au costume de ce personnage : « La robe de dessus est la *zimarra* que les marchands portoient dans leurs magasins, et qui étoit encore en usage au dix-huitième siècle parmi les avocats dans leurs cabinets. » La simarre est donc tout simplement une robe de chambre, comme on le voit. « Cette robe étoit noire. L'habit de dessous ou pourpoint étoit rouge dans son institution. Cet habit devint noir, en signe de deuil,

Les personnages du Niais, du Badin durent sans doute le jour aux rivalités de cités voisines; c'est ainsi que dans nos cantons nous voyons courir d'intarissables plaisanteries sur les habitants de telle bourgade ou de tel village, devenus, on ne sait trop pourquoi, les héros de tous les bons contes

après la prise de Constantinople par les Turcs; puis, le noir prévalut par habitude et fut le plus généralement en usage pour ce pourpoint ainsi que pour la robe. La culotte et les bas sont d'une pièce. (De là, par parenthèse, est venu le nom donné au vêtement moderne.) Ils ont la même couleur que le pourpoint. Pour le masque, il n'a rien d'extraordinaire : on portoit la barbe dans ce temps-là, et c'est un vieux marchand dans son naturel. »

Le Docteur est reproduit d'après la gravure n° 5 de l'*Histoire du Théâtre italien* de Riccoboni. Le costume est celui des docteurs de Bologne qui avaient une robe qu'ils portaient dans l'École et par la ville. Le masque noir ne couvrait que le front et le nez de ce personnage.

Le Capitan, que nous reproduisons d'après la gravure n° 10 de l'*Histoire du Théâtre italien*, est le capitan espagnol qui fleurit dans la première partie du seizième siècle. « Il est habillé selon la nation, » dit Riccoboni. Par la suite il revêtit des costumes bien plus fantasques; on le chargea d'une cuirasse hérissée et de « bramballants panaches. » On lui mit devant et derrière son blason dans lequel figurait ordinairement un porc-épic. Ses moustaches prirent des proportions formidables, etc. Ce fut à qui enchérirait sur ce costume qui était d'abord l'habit assez simple et assez sévère d'un capitaine de Charles-Quint.

Le *Zanni* est celui qui figure dans le groupe des Trois Comédiens de Callot. Il nous paraît bien représenter le type dans son caractère général : il a dans son vêtement l'ampleur que Pierrot a conservée jusqu'à nos jours; il porte le sabre de bois qui resta propre à Arlequin; il est coiffé du chapeau souple, susceptible de revêtir les formes les plus étranges, rendu célèbre notamment par le fameux pitre Tabarin. Il tire la langue au public sous son masque. Nous n'oserions décider quel acteur de son temps Callot a eu en vue dans ce dessin.

LE CAPITAN.

LE ZANNI.

qui se font à vingt lieues à la ronde. Si nos villageois avaient le génie de la comédie, ils en feraient des masques comme les Italiens. En Italie, de petites villes, comme Bergame ou Bisceglia, eurent le privilége de fournir les meilleurs types de la bêtise comique toujours mêlée d'un peu de malice et de ruse.

Tous ces personnages ramassés sur la place publique, la *commedia dell'arte* les mit en scène et les fit servir au divertissement, non-seulement du peuple, mais des cours les plus brillantes et des plus doctes académies. Comme on le voit, cela formait déjà un certain ensemble : on avait le docteur, le capitan, messer Pantalon, les *zanni*, valets fourbes ou imbéciles, Brighelle, Arlequin, Scapin, Mezzetin, Coviello, Pierrot, etc.

Il fallut se compléter par les couples amoureux, autour desquels s'agite nécessairement toute action comique : les Horace et les Isabelle se joignirent aux masques bouffons. Les suivantes au minois éveillé, les Francisquine et les Zerbinette firent face aux valets, et les aidèrent à tromper et à exploiter les vieillards. On fut dès lors en mesure de jouer des comédies aussi intriguées qu'on pouvait le souhaiter dans le pays de l'imbroglio.

Tels furent les principaux rôles dont la Comédie

de l'art se composa d'abord. Ces rôles sont fixés d'avance, invariables comme les masques, comme les costumes qui appartiennent à chacun d'eux. Dès qu'on aperçoit la terrible moustache du capitan, on est assuré qu'il va se livrer à d'extravagantes fanfaronnades. La robe noire du docteur apparaît-elle, on doit s'attendre à le voir appliquer des sentences à tort et à travers et estropier du latin. Si Brighelle montre son museau pointu, préparez-vous à le voir ourdir quelque trame perfide ; ainsi de suite. Chacun reste fidèle à son rôle. La comédie se joue comme avec les pièces connues d'un échiquier.

Ce n'est pas, bien entendu, que ces types ne varièrent jamais, suivant les époques et suivant les acteurs qui les adoptèrent successivement. Ainsi le *zanni* Arlequin, qui à l'origine était niais et balourd, fut doué par la suite d'un esprit assez vif. Mais c'étaient là des modifications une fois faites, qui duraient toute la vie du comédien qui avait le talent de les imposer au public. De même beaucoup d'autres personnages furent introduits dans le groupe primitif par des acteurs originaux, par des bouffons populaires. Mais les masques consacrés par la tradition l'emportèrent toujours, et toujours aussi ils gardèrent quelque chose de leur physionomie première et de leur première origine : à Paris, au dix-septième et au dix-huitième siècle, le docteur parlait encore le dialecte de Bologne et Arlequin le dialecte de Bergame.

Cette persistance de chaque acteur dans son personnage rendait plus facile l'obligation d'improviser le dialogue, ce qui était, comme nous l'avons dit, une condition essentielle de la Comédie de l'art. Chacun pouvait se faire un fonds plus ou moins riche de traits conformes à son caractère. « Les comédiens, disait Niccolo Barbieri, étudient beaucoup et se munissent la mémoire d'une grande provision de choses : sentences, *concetti*, déclarations d'amour, reproches, désespoirs et délires, afin de les avoir tout prêts à l'occasion, et leurs études sont en rapport avec les mœurs et les habitudes des personnages qu'ils représentent[1]. » Ainsi, l'on verra l'un des capitans les plus renommés, Francesco Andreini, publier ses *Bravure*, ses bravacheries, divisées en plusieurs discours.

L'esprit devait d'ailleurs se plier, se façonner à ce rôle perpétuel, et l'on finissait par entrer sans

---

[1]. « I comici studiano e si muniscono la memoria di gran farragine di cose, come sentenze, concetti, discorsi d'amore, rimproveri, disperazioni e delirii, per haverli pronti all'occasioni ; e i loro studii sono conformi al costume de' personaggi che loro rappresentano. » (*La Supplica*, cap. VIII.)

doute dans la peau de son personnage. Cela n'eût pas suffi toutefois pour empêcher la confusion de s'introduire dans la comédie, si les péripéties n'en avaient été réglées d'avance. L'usage s'établit donc d'écrire le sujet et le plan de la pièce. Ces canevas furent plus ou moins développés : ils se bornaient parfois à un sommaire très-précis, que l'on affichait dans les coulisses et que les acteurs pouvaient consulter avant d'entrer en scène. Parfois aussi, lorsque les pièces devinrent très-compliquées, très-chargées de personnages et d'incidents, les canevas entraient dans tous les détails de l'action; la trame était tissue avec soin; à l'acteur d'y broder les arabesques d'une libre fantaisie, suivant la disposition du moment et celle que montrait le public.

Les acteurs de la Comédie de l'art n'avaient pas seulement, pour vaincre les difficultés de l'improvisation, l'avantage d'une longue préparation, d'une préparation de toute leur vie. Ils possédaient d'autres ressources. Ils étaient, pour la plupart, des mimes très-exercés. Les jeux de physionomie, les postures, les gestes tenaient une grande place dans leur talent. Il était déjà question, au temps du roi Théodoric, de ces histrions « qui donnaient autant de soufflets et de coups de bâton qu'ils débitaient de paroles, et qui faisaient plus rire par les grotesques mouvements de leur corps que par les saillies plus ou moins heureuses de leur esprit. » Les Pantalon et les *zanni* descendaient en ligne directe de ces histrions. Souvent les sauts, les pirouettes, les culbutes leur tenaient lieu de réplique. Les bastonnades n'étaient pas ménagées. La plupart des acteurs fameux de la *commedia dell'arte* furent des gymnastes de premier ordre; ils durent leur réputation autant à leurs tours de force ou d'adresse qu'à la vivacité de leurs reparties. Fiurelli (Scaramouche), à quatre-vingt-trois ans, donnait encore un soufflet avec le pied. Thomassin (Tommaso-Antonio Vicentini), le fameux Trivelin du dix-huitième siècle, lorsque, valet de Don Juan, son maître l'obligeait à faire raison à la statue du commandeur, faisait la culbute, le verre plein à la main et retombait sur ses pieds sans avoir répandu une goutte de vin. Il faisait, en dehors, le tour des premières, secondes et troisièmes loges, exercice si périlleux que le public, tremblant pour la vie de cet acteur, l'obligea d'y renoncer.

Ils étaient, en outre, habiles à amuser les spectateurs avec des *lazzi*, expression technique qui désignait moins des bons mots, comme nous l'employons en France, que les fantaisies pittoresques de la pantomime. Voulant donner la définition de ce qu'on entendait par ce mot, qui, étymologiquement, veut dire *liens* (*lazzi*, parole lombarde, au lieu de *lacci*, parole toscane), Riccoboni se sert de l'exemple suivant : « Dans la pièce d'*Arlequin dévaliseur de maisons*, Arlequin et Scapin sont valets de Flaminia, qui est une pauvre fille éloignée de ses parents et qui est réduite à la dernière misère. Arlequin se plaint à son camarade de sa situation et de la diète qu'il fait depuis longtemps. Scapin le console et lui dit qu'il va pourvoir à tout : il lui ordonne de faire du bruit devant la maison. Flaminia, attirée par les cris d'Arlequin, lui en demande la cause. Scapin lui explique le sujet de leur querelle. Arlequin crie toujours et dit qu'il veut l'abandonner ; Flaminia le prie de ne point la quitter et se recommande à Scapin qui lui fait une proposition pour la tirer honnêtement de la misère qui l'accable. Pendant que Scapin explique son projet à Flaminia, Arlequin, par différents *lazzi*, interrompt la scène : tantôt il s'imagine d'avoir dans son chapeau des cerises qu'il fait semblant de manger, et d'en jeter les noyaux au visage de Scapin, tantôt il feint de vouloir attraper une mouche qui vole, de lui couper comiquement les ailes et de la manger, et choses pareilles. Voilà le jeu de théâtre qu'on appelle *lazzi*. Ces lazzi interrompent toujours les discours de Scapin, mais en même temps ils lui donnent occasion de les reprendre avec plus de vigueur. Ces lazzi, quoique inutiles à la scène, parce que si Arlequin ne les faisait pas, l'action marcherait toujours ; quoique absolument inutiles, dis-je, ne s'éloignent point de l'intention de la scène, car, s'ils la coupent plusieurs fois, ils la renouent par la même badinerie qui est tirée du fond de l'intention de la scène. »

Les *lazzi* auraient dû, en effet, être toujours suggérés par la situation ou tout au moins d'accord avec elle. C'était là une règle qui dans l'usage souffrait de nombreuses exceptions ; on les prodiguait à tout propos et souvent hors de propos.

En résumé, la *commedia dell'arte* se retrouve partout sous sa forme première ; comme tous les arts, elle a sa période instinctive. Dès qu'un pitre s'installe sur la place publique et y débite des facéties de son cru, dès que l'esprit d'imitation suscite des grimaciers ou des mimes, elle existe, comme la statuaire existe dès qu'on essaye de pétrir l'argile ou de tailler la pierre, comme la musique existe dès qu'on essaye de moduler les sons de la voix. Elle ne devient un art que lorsqu'elle prend conscience d'elle-même, qu'elle se systématise, obtient des effets voulus, et se propose un but.

Mais elle est évidemment le dernier mot de l'art dramatique. La distinction de l'auteur et du déclamateur est un procédé imparfait, qui n'a d'autre raison d'exister que l'insuffisance de la nature humaine. L'idéal est celui que chercha à réaliser la *commedia dell' arte*, en réunissant dans la même personne le poëte et celui qui se charge de faire vivre ses fictions.

CHAPITRE III

LA COMMEDIA DELL' ARTE EN FRANCE.

Nous avons expliqué comment et dans quelles circonstances les Italiens réussirent à représenter des pièces dont le dialogue était abandonné à l'inspiration de chaque acteur. « On ne peut disconvenir, disait Riccoboni, le Lélio de la troupe italienne du Régent au dix-huitième siècle, on ne peut disconvenir que ce système n'ait des grâces qui lui sont propres et dont la comédie écrite ne saurait se flatter. L'impromptu donne lieu à la variété du jeu, en sorte qu'en revoyant plusieurs fois le même canevas, on peut revoir chaque fois une pièce différente. L'acteur qui joue à l'impromptu, joue plus vivement et plus naturellement que celui qui joue un rôle appris. On sent mieux, et, par conséquent, on dit mieux ce que l'on produit que ce que l'on emprunte des autres par le secours de la mémoire... Le geste et l'inflexion de voix se marient toujours avec le propos au théâtre, tandis que, dans la comédie apprise, le mot que répète l'acteur est rarement celui qu'il trouverait s'il était livré à lui-même. »

L'effet produit par la *commedia dell' arte* était donc plus grand que celui produit par la comédie soutenue, et cela précisément à cause de la spontanéité de l'expression. Ajoutons ce qui est plus important à constater pour les rapprochements que nous aurons à faire, c'est que, dans de telles pièces, l'action est presque tout; on compte peu sur les discours pour dessiner les caractères, pour traduire les mouvements de l'âme. On raconte que Cicéron proposait parfois des défis à Roscius à qui rendrait le mieux une même pensée et avec plus d'éloquence, l'un avec le seul geste et l'autre avec la parole. Cette lutte nous figure assez bien les différents procédés de la comédie régulière et de la comédie de l'art. Lorsque celle-ci vint s'installer en France, elle apporta par conséquent à notre théâtre les exemples dont il avait le plus grand besoin; elle enseignait l'action à notre comédie qui penchait naturellement vers la conversation et la tirade, et qui finit toujours par tomber de ce côté-là. Mais comment fut-elle initiée aux beautés de la *commedia dell' arte?* C'est ce que nous allons raconter avec quelques développements.

En l'an 1576, au moment où allaient s'ouvrir les États généraux de Blois, quatre ans après la Saint-Barthélemy, Henri III, qui appréhendait la réunion de cette grande assemblée, n'imagina rien de mieux, soit pour l'adoucir, soit pour la distraire, que de mander d'Italie la plus fameuse troupe d'acteurs de la *commedia dell' arte* qu'il y eût alors : les *Gelosi* (Jaloux de plaire), à la tête desquels venait de se mettre un homme distingué par sa naissance et par ses talents, Flaminio Scala, dit Flavio au théâtre.

Ce n'était pas la première fois que les Français allaient jouir de ce spectacle. Catherine de Médicis en avait introduit l'usage à la cour de France et inspiré le goût à ses enfants. « Dès sa jeunesse, dit Brantôme, elle aimait fort à voir jouer des comédies et même celles des Zanni et des Pantalon, et y riait tout son saoûl comme une autre. » Une troupe, dirigée par un nommé Ganasse ou Ganassa, était venue à Paris en 1570 et avait donné un certain nombre de représentations publiques. Mais nous n'avions pas eu encore de troupe aussi complète ni aussi renommée que celle des *Gelosi*.

Elle avait alors pour principaux acteurs Oratio

Nobili de Padoue faisant les amoureux, Adriano Valerini de Vérone jouant aussi les amoureux sous le nom d'Aurelio; Lucio Burchiella faisait le personnage du docteur Gratiano; Lidia de Bagnacavallo était la première amoureuse, et la jeune Prudenza de Vérone la seconde amoureuse. Le plus célèbre bouffon qui fit partie de cette troupe paraît avoir été Gabriello de Bologne, créateur du type de *Franca-Trippa*[1].

Sur l'invitation du roi de France, ils franchirent les monts, charriant avec eux leurs costumes, leurs décors et leurs accessoires. On sait quelle était la situation de la France en ce moment-là, surtout dans le Midi où à peine un moment de trêve sépara la cinquième guerre civile de la sixième. La caravane comique tomba par malheur dans un parti de huguenots. L'Estoile ne dit pas quel est celui des chefs tenant alors la campagne qui fit ces bizarres prisonniers. Ce fut probablement un des capitaines

---

1. Nous donnons ici le personnage de *Franca-Trippa*, tel qu'il est représenté dans *I balli di Sfessania* de Callot. On n'a point de renseignements précis sur ce type. Callot l'a dessiné en face d'un autre mime plus célèbre encore, Pietro Maria Cecchini, connu sous le nom de *Gian-Fritello* ou *Fritellino*, qui eut un succès extraordinaire à la cour de Mathias, empereur d'Allemagne, et qui fut anobli par cet empereur. Cecchini ne paraît pas être venu en France, mais son personnage *Fritelin* ou *Fristelin* figure dans les farces tabariniques.

FRANCA-TRIPPA.

qui guerroyaient autour de Lyon, Montbrun, Pierregourde ou Saint-Romain. Les huguenots n'avaient pas sans doute l'étroit et sombre fanatisme des puritains de Cromwell. Cependant, ils n'étaient pas sans une exaltation très-farouche depuis que la Saint-Barthélemy avait terriblement éclairci leurs rangs. Ils n'étaient guère sensibles au charme des arts; ils devaient être surtout fort mal disposés pour les bouffons italiens qui s'en allaient divertir MM. les députés de la Ligue. On peut se figurer le docteur Gratiano ou Franca-Trippa essayant de dérider le front menaçant des soldats de Calvin, et douter qu'ils y réussirent. Nous ne savons non plus quel succès purent avoir les grâces des Lidia et des Prudenza au milieu d'une telle compagnie. Toujours est-il que la troupe dut subir une captivité très-pénible aux mains des *parpaillots*.

Aussitôt qu'il apprit la fâcheuse aventure survenue à ses comédiens, le roi négocia pour obtenir leur délivrance, et il l'obtint moyennant une forte rançon. Les *Gelosi* furent libres alors de continuer leur voyage. Ils arrivèrent fort en retard. Les États avaient été convoqués pour le 15 novembre 1576; ils n'ouvrirent leurs séances que le 6 décembre. Les *Gelosi* arrivèrent au mois de février suivant.

« En ce mois, dit l'Estoile, les comédiens italiens commencèrent à jouer leurs comédies dans la salle des États à Blois; et leur permit le roi de prendre demi-teston de tous ceux qui les viendroient voir jouer. » Le demi-teston avait alors une valeur nominale de sept sous, mais il valait effectivement quinze sous, malgré les ordonnances, et c'était un prix élevé pour assister à un spectacle, puisqu'à Paris, le prix d'entrée à l'Hôtel de Bourgogne ne dépassait pas quatre ou cinq sous.

On ne dit pas l'accueil que reçurent les *Gelosi* de la part des députés des trois ordres. Quand on sait les préoccupations et les passions qui agitaient alors ces députés, on conçoit difficilement qu'ils trouvassent beaucoup d'attraits aux jeux des Pantalon et des Zanni. En tout cas, si Henri avait compté sur eux pour assouplir l'humeur peu traitable de ses sujets, il manqua totalement son but. Le Tiers-État refusa inflexiblement au roi qui l'avait régalé de ces divertissements imprévus le moindre subside; il lui refusa même l'autorisation d'aliéner aucune partie du domaine royal, de sorte que le monarque s'écriait en versant des larmes de colère : « Ils ne me veulent secourir du leur, ni me permettre que je m'aide du mien! » Les États furent congédiés le 1ᵉʳ mars. Les comiques italiens, dont la présence au milieu de si graves circonstances était un signe du temps, avaient à peine pu donner un échantillon de leur savoir-faire. Aussi Henri III, s'en retournant à Paris, emmena avec lui les *Gelosi*.

Henri leur permit par lettres patentes de s'installer à l'Hôtel de Bourbon. Cet hôtel touchait au Louvre ; il s'élevait sur l'emplacement occupé aujourd'hui par la colonnade de Perrault, en face de l'église de Saint-Germain-l'Auxerrois. Démoli en grande partie après la défection du connétable en 1527, il restait de cet hôtel une vaste salle ou galerie, qu'on appela la salle du Petit-Bourbon. Cette salle fut affectée ordinairement aux représentations théâtrales, quoiqu'elle eût de temps en temps une destination plus sérieuse : ainsi elle servit aux États généraux tenus en 1614, les derniers de la France monarchique avant 1789. C'est là aussi que quatre-vingt-deux ans après les premiers *Gelosi*, Molière, de retour de ses excursions en province, devait inaugurer par les *Précieuses ridicules* sa brillante carrière.

« Le dimanche 19 mai, dit l'Estoile, les comédiens italiens commencèrent leurs comédies à l'Hostel de Bourbon. Ils prenoient quatre sols de salaire par teste de tous les François, et il y avoit tel concours, que les quatre meilleurs prédicateurs de Paris n'en avoient pas tous ensemble autant quand ils preschoient. »

Cet empressement du public se comprend aisément. Les acteurs français ne pouvaient lutter avec ces étrangers : « La comédie telle que ceux-ci la jouoient, dit Brantôme, étoit chose que l'on n'avoit encore vue et rare en France, car, par avant, on ne parloit que des farceurs, des *conards* de Rouen, des joueurs de la Bazoche et autres sortes de badins. » Ce qui devait offrir surtout un vif attrait, c'était la présence d'actrices élégantes jouant les rôles féminins, tandis que les rôles de femmes étaient tenus chez nous par des hommes. Enfin la beauté des costumes, la perfection des décors et des *feintes* ou machines, la musique employée dans les intermèdes et parfois dans les pièces, tout cela faisait connaître à la France un art savant et raffiné qu'elle devait être encore longtemps à atteindre elle-même.

Aussi, les confrères de la Passion, qui continuaient à jouer leurs *Farces*, leurs *Soties* et leurs *Moralités* à l'Hôtel de Bourgogne, et qui jouissaient d'un privilége en vertu duquel il était fait défense à tous autres de représenter des jeux dramatiques dans la ville, faubourgs et banlieue de Paris, s'émurent de la redoutable concurrence que leur faisaient les nouveaux venus. Ils s'adressèrent au Parlement pour qu'il fît respecter leur privilége. La cour défendit aux Italiens de continuer leurs représentations. Les *Gelosi* présentèrent les lettres patentes qu'ils avaient obtenues du roi. La cour refusa de recevoir ces lettres et défendit aux Italiens de se prévaloir jamais de lettres pareilles sous peine de dix mille livres parisis d'amende, applicables à la boîte des pauvres. Malgré ces arrêts redoublés, les *Gelosi* continuèrent pendant le mois de septembre à jouer leurs comédies, « par jussion expresse du roi, dit l'Estoile, la corruption de ce temps estant telle, que les farceurs, bouffons, p.... et mignons avoient tout crédit auprès du roi. »

Ils s'en allèrent à l'automne et rentrèrent en Italie. L'impulsion était donnée. Quoique tout n'eût pas été agrément dans l'excursion des premiers *Gelosi* en France, les troupes de comédiens italiens prirent tour à tour le chemin de Paris. En 1584 et 1585, Paris reçut la visite des *Comici confidenti*, qui représentèrent notamment chez le duc de Joyeuse une pièce intitulée *Angelica*, œuvre d'un de leurs acteurs, Fabritio di Fornaris, jouant le capitan espagnol sous le nom de Cocodrillo. Les

Gelosi reparurent, en 1588, à l'occasion des seconds États généraux de Blois, qui furent plus orageux encore que les premiers ; mais ils se hâtèrent de repasser les monts, chassés par les arrêts du Parlement ou plutôt épouvantés par le meurtre du duc de Guise et par les troubles qui s'ensuivirent. Il n'y a plus aucune place, en effet, pour les divertissements comiques pendant ces dernières années du règne de Henri III où s'engage la lutte suprême de la Ligue et de la royauté.

Il faut, pour que les fêtes renaissent, attendre que Henri IV ait terminé les guerres civiles, qu'il soit affermi sur son trône, et maître de sa capitale. Lorsque ce prince épousa, en 1600, la Florentine Marie de Médicis, il voulut lui procurer en France les distractions de son pays. Il appela ou il accueillit la plus excellente troupe d'artistes comiques que l'Italie possédât alors. C'était encore la troupe des *Gelosi*, toujours dirigée par Flaminio Scala, mais complétement renouvelée.

Flaminio Scala avait alors dans sa troupe quatre rôles de vieillards ou de pères nobles, comme nous dirions aujourd'hui : le Pantalon ou le *Magnifico*, tenu par un acteur nommé Giulio Pasquati ; *Cassandro da Siena*, joué on ne sait par qui ; *Zanobio*, le vieux bourgeois de Piombino, représenté par

LE CAPITAINE CERIMONIA.

Girolamo Salembeni de Florence; enfin le docteur, *il dottore Gratiano Forbisone*, dont Lodovico de Bologne portait la robe.

Le capitan était Francesco Andreini, de Pistoie, sous le nom d'*il capitano Spavento della Valle inferna* (le capitaine l'Epouvante de la Vallée infernale). C'était l'usage de choisir pour ces sortes de rôles les noms les plus retentissants. Nous avons déjà rencontré celui de Cocodrillo; nous pourrions citer encore les noms de Matamoros, Fracassa, Rodomonte, Spezza-Monti (Tranche-Montagne), il capitano Bellorofonte Martellione, il capitano Rinoceronte, il Basilisco, il signor Scarabombardon, il signor Escobombardon della Papirotonda. C'était à qui inventerait le plus bizarre assemblage de syllabes sonores. Parfois ces noms semblent indiquer aussi une nuance du caractère : parmi les nombreux capitans que Callot a dessinés dans ses *Balli di Sfessania,* il faut distinguer le capitaine *Cerimonia*, qui fait songer à l'Alcidas du *Mariage forcé* [1].

On connaît assez bien, grâce à nos matamores

---

[1]. Nous donnons ci-contre le capitaine *Cerimonia* : il est représenté une main sur sa rapière, dont la pointe soulève son manteau tout entier, et l'autre tenant sa toque tailladée; il est en train de saluer très-poliment la signora Lavinia (voyez plus loin ce personnage) qui se trouve en face de lui.

français, le genre de plaisanteries propres à ce rôle du capitan. Francesco Andreini, par exemple, se faisait annoncer par son valet de la manière suivante : « Tu diras que je suis le capitaine Spavente de la vallée infernale, surnommé l'endiablé, prince de l'ordre de la chevalerie ; Trismégiste, très-grand bravache, très-grand frappeur, très-grand tueur ; dompteur et dominateur de l'univers, fils du tremblement de terre et de la foudre, parent de la mort et ami très-étroit du grand diable d'enfer. »

Dans *la Prigione d'Amore* (la Prison d'Amour), de Sforza Oddi *nell' academia degli Insensati detto il Forsennato* (membre de l'académie des Insensés, surnommé le Furieux), comédie récitée à Pise par les étudiants, pendant le carnaval de 1590, le rôle du capitan est très-développé, et se termine par le récit suivant, qui pourra servir de spécimen. Le capitaine Bellorofonte Scarabombardon se voit supplanté auprès de celle qu'il devait épouser, sur quoi on lui dit :

Galant seigneur capitaine, à votre courtoisie on doit en retour une autre femme plus vaillante et plus guerrière qu'Erminia, dont l'humeur pacifique ne pouvait convenir à votre humeur.

LE CAPITAINE.

Une femme? à Dieu ne plaise! Croyez-vous que, si j'en voulais une, il me manquerait une impératrice pour le moins? Ne savez-vous pas l'aventure de la grande infante de Paphlagonie, fille du roi de l'Ingitanie inférieure, où le Nil, tombant de ses cataractes, assourdit les habitants à cent milles à la ronde?

JACOPINO.

Racontez-nous, seigneur capitaine, cette aventure...

LE CAPITAINE.

Cet empereur de la sourde Éthiopie avait une fille noire et sourde, comme toutes les habitantes du pays, mais plus belle cent fois que la plus blanche Allemande. Elle s'éprit de moi à cause de ma renommée. Nous nous aimâmes à la muette, tellement qu'elle allait me donner un fils. L'empereur et l'impératrice, pensant me contraindre à l'épouser, entrèrent un jour dans notre chambre, où déjà je causais avec le petit Bellorofontin, bien qu'il fût encore dans les entrailles maternelles, et lui me répondait, Dieu sait avec quelle majesté!

GRILLO.

O le mensonge!

LE CAPITAINE.

L'empereur et l'impératrice étaient accompagnés de leur trésorier portant deux sacs contenant chacun environ trente mille sequins pour la dot. Ils ferment la porte et me cherchent. Quand je m'aperçois de leur intention, la colère gronde en moi; ma chair, mes nerfs, mes os se tendent; mon sang tourbillonne dans les veines; mon visage s'obscurcit comme le ciel en temps d'orage; mon poil, mes cils se dressent comme des piques; mes yeux roulent dans leurs gonds sous les arcades sourcilières; mon nez se méduse; ma bouche se cerbérise; mon cou se lestrigonne; ma main se panthérise; toute la machine enfin se gonfle, écume, fait un bruit terrible, retentissant de caverne en caverne...

LE PÉDANT.

Oh! infortuné royaume! il est perdu!

LE CAPITAINE.

Mais la pauvre jeune fille, voyant ma fureur et mon rire de Satan déchaîné, eut une telle peur, que le Scarabombardin sortit...

LE PÉDANT.

Fecit abortum?

LE CAPITAINE.

Quel *abortum?*

SPAZZA.

Elle accoucha d'un parc d'artillerie?

LE CAPITAINE.

Je vous dis qu'elle mit au monde un petit roi sur un trône, avec le sceptre et la couronne, et si beau qu'il ne s'en pouvait voir de plus beau!

SPAZZA.

Et ni le sceptre, ni le trône, ni rien ne s'était mis en travers?

LE CAPITAINE.

Rien.

LE PÉDANT.

Fuit monstrum in natura, s'il en est ainsi. Et du roi, de la reine et du trésorier qu'advint-il ?

LE CAPITAINE.

Écoutez donc. La reine se fit un rempart de son petit-fils ainsi survenu. Je pris de la main gauche le trésorier et m'en servis comme d'un bouclier ; et, tirant Durandal du fourreau, je la dirigeai vers le roi qui s'avançait pour me frapper ; d'un coup, je fendis le pavé, j'ouvris la terre jusqu'aux abîmes où Neptune fut frappé de stupeur, Pluton trembla et le roi s'engloutit. Je retirai ma lame, l'essuyai et la rentrai au fourreau, puis m'en allai en laissant là Scarabombardin et l'empire.

GRILLO.

Avec le trésorier et les sequins. Oh ! le superbe butin !

LE CAPITAINE.

Quel butin ? Quand je fus sorti du palais, arrivé sur la place, je te pris mon trésorier par un pied et le lançai en l'air jusqu'à la voûte du ciel. Avant qu'il retombe, ses sequins auront le temps d'être démonétisés.

LE PÉDANT.

En quel âge du monde se passa ceci ?

LE CAPITAINE.

Il y a cinq ans environ, pas davantage.

Un des traits les plus plaisants de ce rôle qui nous reviennent à la mémoire est celui de ce capitan à qui l'on reprochait d'avoir laissé enlever sa maîtresse par les corsaires barbaresques, et qui répondait : « Debout sur la proue de mon vaisseau, j'étais dans une telle fureur que le souffle impétueux qui sortait de ma bouche frappant les voiles du navire ennemi lui imprima une impulsion si rapide qu'il fut impossible de l'atteindre. [1] » C'était là le ton ordinaire de ce personnage qui fut si longtemps applaudi sur tous les théâtres de l'Europe, et dont nous ne comprendrions bien le succès que si le règne des traîneurs de sabre recommençait parmi nous.

Francesco Andreini, outre l'emploi du capitan qu'il tenait avec une grande supériorité, créa le type du *Dottore siciliano* et celui du magicien *Falcirone*. C'était un artiste universel, au dire du savant comédien Bartoli qui a fait son éloge. Il jouait de tous les instruments de musique. Il parlait cinq langues outre l'italien : le français, l'espagnol, l'esclavon, le grec et même le turc. Quelle qu'ait été sa véritable connaissance de ce dernier idiome, il fut du moins l'un des premiers à faire

---

1. Dans *l'Inavertito*, de Niccolo Barbieri.

usage du jargon qui devait plus tard en imposer si bien à M. Jourdain, le bourgeois-gentilhomme. Le capitaine Spavente, envoyant son valet Trappola à l'ambassadeur du grand-sophi, avait soin de faire les recommandations suivantes : « Tu diras ainsi : *Salamalecchi benum sultanum*, et lui te répondra : *Alecchi mesalem safa ghieldy*. » Francesco Andreini, artiste lettré, et écrivain assez distingué, était membre de la société des *Spensierati* (Sans-soucis) de Florence.

L'ornement et la gloire de cette troupe, la perle des *Gelosi*, c'était la femme de cet acteur, Isabella Andreini. Née à Padoue en 1562, Isabelle brillait sur le théâtre depuis 1578, se faisait admirer par sa beauté, par ses rares talents, et, ajoutent tous les témoignages contemporains, par sa vertu. Non-seulement elle remplissait avec une grâce infinie, avec une grande richesse d'imagination, les rôles de première amoureuse dans la *commedia dell'-arte* ; mais elle était poëte. Elle composa des sonnets, des madrigaux, des chansons (*Canzoniere*, Milan, 1601). On a d'elle une pastorale, *Mirtilla*, imprimée à Vérone en 1588 ; des recueils de lettres et des fragments en prose furent publiés après sa mort. Elle faisait partie de l'Académie des *Intenti* de Pavie, dans laquelle elle figurait sous le nom de l'*Accesa* (l'Amoureuse), nom emprunté sans doute à ses rôles de théâtre.

Isabelle peut être citée comme un exemple de la considération et des honneurs qui s'attachaient fréquemment en Italie à la profession du comédien. Elle fut presque couronnée à Rome : son portrait fut placé entre ceux de Pétrarque et du Tasse, dans une fête que lui donna un de ses plus fervents admirateurs, le cardinal Aldobrandini. On lui appliquait galamment les vers de l'Arioste qui, au vingt-neuvième chant du **Roland Furieux**, fait dire au Souverain Créateur [1] : « Je veux qu'à l'avenir toutes celles qui porteront le beau nom d'Isabelle soient aimables, belles, parées par les Grâces, et vertueuses; je veux qu'elles méritent d'être célébrées sur le Parnasse, le Pinde et l'Hélicon, et que ces monts sacrés retentissent sans cesse de l'illustre nom d'Isabelle; » on prétendait que cette prophétie du poëte n'avait jamais été mieux accomplie qu'en Isabelle Andreini. En

---

1.   Per l' avvenir vo' che ciascuna ch' aggia
    Il nome tuo, sia di sublime ingegno,
    E sia bella, gentil, cortese e saggia,
    E di vera onestade arrivi al segno;
    Onde materia agli scrittori caggia
    Di celebrare il nome inclito e degno;
    Talchè Parnaso, Pindo ed Elicone
    Sempre Isabella, Isabella risuone.

France elle allait exciter l'enthousiasme de la cour et de la ville, et jouir de la faveur particulière de Marie de Médicis et de Henri IV.

On distinguait encore, dans la troupe de Scala, le fameux bouffon Burattino, qui donna son nom à toutes les marionnettes italiennes, qu'on appelle encore des *burattini*. Burattino faisait les rôles de valet grognon et maladroit, mais plus souvent de courrier, hôtelier, jardinier. Quand on ajoute un nom à ce nom de Burattino, c'est celui peu honnête de *Canaglia*. Mari de Francischina ou père d'Olivette, il est généralement mal chanceux, trompé et dupé, quoiqu'il ait grande envie de tromper et de duper les autres. Il est de tous les lazzi; il occupe souvent la scène, et les charges qu'il y fait n'ont d'ordinaire aucun rapport avec l'intrigue. Il instruit, par exemple, sa fille Olivette dans l'art du jardinage : « Comment, à ton âge, grande comme te voilà, et ma foi ! bonne à marier, tu ne sais pas encore donner un coup de pioche ou planter un chou? » Et là-dessus de lui faire un cours d'horticulture comique, en lui nommant tous les outils du métier et en lui indiquant la manière de s'en servir. On peut imaginer les équivoques.

Les deux *zanni* de la troupe étaient Pedrolino et Arlecchino. L'acteur qui jouait le second *zanni*, sous le nom d'Arlequin, se nommait Simone, de Bologne. Nous ne savons l'acteur qui tenait le rôle de Pedrolino (Pierrot); ce rôle est, dans les canevas des *Gelosi*, fort pareil à ce qu'il est resté sur la scène française, pétulant, grimacier, malin, gourmand et poltron. Avec tout cela, il ne laisse pas d'être fidèle et actif. Il est souvent le meneur du jeu, c'est lui qui conduit toutes choses, déconcerte les plans des vieillards, sauve et unit les amants malheureux. Arlecchino, de même, ressemble beaucoup au type populaire que l'on connaît, au moins pour la balourdise éveillée et malicieuse de son caractère. Il a déjà perdu de sa naïveté primitive[1]. Com-

---

1. Nous donnons ici le dessin de l'Arlequin Simone de Bologne, d'après l'auteur de l'*Histoire du Théâtre italien*. Ce portrait est fidèle, ainsi qu'il résulte des explications suivantes :

« J'ai trouvé, dit Riccoboni, dans le cabinet de M. de C...., un livre dont voici l'origine. Du temps de Henri IV, une troupe de comédiens italiens (les *Gelosi*) vint à Paris. L'Arlequin de cette troupe vouloit engager le roi à lui faire présent d'une chaîne d'or, avec une médaille. Il imagina de faire un livre, de l'imprimer et de l'adresser au roi. Ce livre contient soixante et dix pages. A la première page il y a une figure d'Arlequin, qui est de trois pouces et trois lignes de haut. De ce livre imprimé du temps de Henri IV, j'ai pris le dessin de l'habit d'Arlequin. »

Ce costume, comme on le voit, est bien différent de celui qu'Arlequin adopta par la suite : il porte ici une jaquette ouverte par devant et attachée par de mauvais rubans; un pantalon étroit, collant, couvert de morceaux d'étoffes placés au hasard, et sans doute de diverses couleurs. La jaquette est également couverte de larges pièces. Mais ces bigarrures n'ont alors rien de symétrique. Le demi-masque noir a une large mentonnière. La

ARLEQUIN AU XVIe SIÈCLE.

plice de Pierrot, il l'aide la plupart du temps à débrouiller les intrigues ; il est parfois dupe de son camarade qui lui fait faire les missions délicates, celles qui peuvent attirer des coups de bâton. C'est le Raton de ce Bertrand. Ils sont fréquemment en rivalité auprès de la servante Franceschina, qui généralement préfère Pedrolino à Arlequin.

Les rôles de servante (*fantesca*) ou, comme on dit plus tard en France, de soubrette, étaient joués par la signora Silvia Roncagli, de Bergame, terriblement éveillée, si nous en jugeons par les canevas des *Gelosi*. Son nom de guerre était *Franceschina*. La même actrice faisait les personnages travestis sous le nom de *Lesbino*. Elle avait un remarquable talent. Elle était doublée par *Ricciolina* (Maria Antonazzoni) et par *Olivetta*, dont le nom réel n'est pas connu. Une actrice, nommée Antonella Bajardi, jouait des rôles de caractère sous le nom de *Vittoria*. Les vieilles étaient jouées sous celui de *Pasquella* ou de *Pasqualina*.

---

toque est tailladée et surmontée d'un ornement, mais il est difficile de deviner si c'est la queue de lapin traditionnelle. Il a à la ceinture, l'escarcelle et le sabre de bois. Ses pieds sont chaussés de souliers très-minces recouverts sur le cou-de-pied par le pantalon qui fait guêtre. On verra plus loin quelle transformation avait subi ce costume, dès la seconde moitié du dix-septième siècle.

Ce n'est pas tout; il faudrait ajouter encore plusieurs noms : *Claudione Francese* (le Français Claudion), *Cavicchio*, le paysan, *Mezzettino*, troisième zanni, et d'autres encore, pour que la liste fût complète, car les pièces que jouaient les *Gelosi* exigeaient un nombreux personnel. Une troupe pareille aurait eu probablement quelque peine à faire ses frais, si elle n'avait été à la solde du roi. Les comédiens de l'Hôtel de Bourgogne, à qui les Confrères de la Passion avaient cédé leur privilége, n'étaient plus en mesure de faire une sérieuse opposition aux étrangers protégés par la faveur royale; ils s'arrangèrent avec eux. Donnant le premier exemple d'un accommodement qui par la suite devint presque habituel, les Français et les Italiens jouèrent alternativement sur le théâtre de la rue Mauconseil. Les Français, qui étaient alors des acteurs de profession et qui avaient renouvelé leur répertoire, étaient plus en état de lutter avec les Italiens et aussi de profiter de leurs leçons.

CHAPITRE IV

LE THÉATRE DES GELOSI.

C'est sur le théâtre des *Gelosi* que la *commedia dell'arte* a atteint son plus haut point de perfection ; ils représentent en quelque sorte son âge classique. C'est donc chez eux qu'il faut l'étudier. Cela nous est facile, grâce au directeur de la troupe, Flaminio Scala, qui prit soin de rassembler les canevas qui avaient servi à ses acteurs, et les fit imprimer, ce qu'on n'avait pas coutume de faire pour ces sortes d'ouvrages. Quand on publiait une pièce jouée à l'impromptu, on écrivait ordinairement le dialogue, comme fit Fabritio di Fornaris pour l'*Angelica*. Flaminio, laissant à d'autres, comme il le dit, le soin de tracer le dialogue, s'est borné à reproduire le scenario des pièces, à l'usage des comédiens qui voudraient s'exercer sur les mêmes sujets. Voici le titre de son recueil :

Il teatro delle favole rappresentative overo la ricreatione comica, boscareccia e tragica, divisa in cinquanta giornate, composte da Flaminio Scala detto Flavio, comico del sereniss. sig. duca di Mantoua. In Venetia. Appresso Gio.-Batt. Pulciani. 1611. En tête du volume, il y a une lettre de Francesco Andreini, *comico Geloso detto il capitano Spavento,* dans laquelle il fait l'éloge de son compagnon, « qui ne dérogea pas à la noblesse de sa naissance en s'adonnant au noble exercice de la comédie; » il rappelle le succès que ces pièces ont eu pendant de longues années, et promet une seconde série non inférieure à la première; mais il ne paraît pas que celle-ci ait jamais vu le jour. On voit par le titre même du recueil de Scala que les *Gelosi* jouaient à l'impromptu non-seulement des comédies, mais encore des pastorales et des tragédies. Toutefois les comédies sont beaucoup plus nombreuses que les autres; il y en a quarante, et des autres il n'y a que dix[1], et encore ces dix dernières offrent un singulier mélange de tous les genres. Ce sont plutôt ce que nous appellerions des mélodrames ou des féeries. *La Forsennata prencipessa* (la Princesse qui a perdu l'esprit) est seule

---

1. Voir l'appendice, n° 1.

qualifiée de tragédie. *Rosalba incantatrice* (Rosalba magicienne) est intitulée *opera heroica*. *L'innocente Persiana* (l'Innocente Persane), *l'Orseida*, *l'Alvida, la Fortuna di Foresta, prencipessa di Moscou*, portent le titre d'*opera regia*, œuvre royale.

Ces pièces étaient encore plus remplies d'extravagances que les comédies. Elles se passaient dans des contrées tout à fait fantastiques qu'on appelait Sparte, le Maroc, l'Égypte, la Moscovie ou la Perse. Isabelle était fille du roi d'Égypte ou veuve spartiate, et Burattino, Pedrolino, Arlequin étaient mêlés à des personnages comme Oronte, roi d'Athènes, et Oreste, roi de Lacédémone. La magie y jouait un grand rôle. La fantaisie y dépassait toute mesure. Dans l'*Orseida*, par exemple, un ours fait un personnage galant, et même un personnage de mari et de père.

Ces pièces sont surtout ce que nous appellerions des pièces à grand spectacle. Ainsi, au deuxième acte de la *Forsennata prencipessa*, un navire est attaqué par une barque; un combat se livre entre les gens qui montent la barque et ceux qui sont dans le navire; et le navire vainqueur entre dans le port. Tout cela s'exécute sur la scène. Nous pouvons nous former par là une idée de la science

4

des décors et des machines où les Italiens étaient parvenus grâce à Baldassare Peruzzi et à ses élèves; mais là n'est pas le véritable intérêt du recueil de Flaminio Scala.

Les comédies sont toutes en trois actes. Si elles étaient dialoguées, leur étendue serait considérable, car le va-et-vient des personnages est très-actif et le nombre des scènes très-multiplié. Le lieu de la scène est indiqué dans les diverses villes d'Italie, à Rome, à Venise, à Florence, à Naples, à Ferrare, à Pérouse, à Parme, à Pesaro, etc. Mais le théâtre représente presque toujours le même décor traditionnel, au moins dans ses dispositions principales. « Le théâtre se compose de deux parties, dit M. Maurice Sand décrivant le théâtre construit par Palladio à Vicence; l'avant-scène, demi-cercle en plate-forme qui s'avance jusqu'au bas des gradins; et en arrière la scène proprement dite où sont posés les décors. Mais les décors sont plantés différemment de ceux de nos théâtres. La scène est divisée en trois arcades, et sous chaque arcade on voit posée, sur un terrain en pente, une rue véritable, bordée de maisons de bois, qui vient du fond du théâtre aboutir sur l'avant-scène, censée une place publique. Les acteurs peuvent donc jouer et circuler dans toutes les rues, se cacher, épier, écouter ou surprendre très-naturellement des secrets et des mystères qui sont parfois impossibles à mettre en scène sur nos théâtres modernes. »

Tel est en effet l'aspect général du théâtre figuré dans les comédies imprimées avec vignettes au seizième siècle, aspect non pas uniforme, cependant. Il y a parfois trois rues, parfois deux, ou une seule avec arcades [1]. L'acteur chargé de réciter le prologue indiquait ordinairement aux spectateurs la ville et les monuments qu'ils avaient devant leurs yeux : « Cette cité pour aujourd'hui sera Ferrare, et ce fleuve que vous apercevez sera le célèbre Pô. Et voilà le grand palais et la cour ducale, et plus loin la prison, etc. » Il y avait aussi des scènes d'intérieur, pour lesquelles il fallait un décor spécial. Dans un scenario de Scala, le paysan Cavicchio veille dans sa cabane, avec sa femme et ses enfants, qui fabriquent des paniers. Lui, pour tenir sa famille en gaieté et aider au travail de la nuit, chante en s'accompagnant de la cornemuse. Cavicchio, entendant du bruit au dehors, sort avec une lumière et se trouve en présence d'une ronde de soldats ; saisi de frayeur, il crie et appelle sa femme à son secours ; mais le capitaine le rassure, et Cavicchio,

---

1. Voy. le frontispice de ce volume.

reprenant sa cornemuse, fait danser sa femme, ses enfants, les soldats et jusqu'au capitaine. Le théâtre représentait aussi des jardins, des forêts, des cavernes, etc.; mais la perspective ordinaire, au milieu de laquelle se déroulaient les événements de la comédie, c'était cette *piazetta* ou ce carrefour, doré de soleil, divisé en coins et recoins mystérieux, qui, avec une plus grande simplicité d'architecture, a servi également à nos premiers poëtes comiques.

Flaminio Scala a soin d'indiquer en tête de chaque pièce les accessoires qui sont nécessaires pour la représenter. Il inscrit, par exemple, dans la liste des *robbe per la commedia :* « des bâtons pour bâtonner (*bastoni da bastonare*), beaucoup de lanternes, une chatte vivante et un coq vivant, quatre chiens de chasse, un pot de nuit avec du vin blanc dedans, des costumes de notaires, de pélerins ou de voyageurs, une lune simulée qui se lève, etc. »

Le nombre des personnages est habituellement de douze ou quinze, divisés par groupes. Ainsi vous avez Pantalone de' Bisognosi, Vénitien, avec sa fille Isabelle, son fils Oratio, son valet Pedrolino et sa servante Franceschina. Vous avez, d'autre part, Zanobio ou Cassandro ou le docteur Gratiano Forbisone avec sa fille ou sa femme Flaminia, son fils Flavio ou Cinthio, son valet Arlequin, sa servante Ricciolina; puis le capitan, Burattino, valet du capitan ou hôtelier ou jardinier, et la vieille Pasqualina. Voilà l'ensemble de personnages qu'on retrouve dans la plupart des pièces comiques.

Ces pièces sont toutes fondées sur des intrigues amoureuses. L'amour règne plus souverainement sur ce théâtre que sur aucun autre ; il est le seul mobile qui fasse agir ce monde aux costumes pailletés et bariolés, et c'est l'amour sans hésitation et sans combats, l'amour dans toute sa franchise, en pleine lumière. Isabelle découvre à Flavio qu'elle est enamourée de lui ; Flavio doucement la console en s'excusant de ne pouvoir répondre à son amour, parce qu'il aime Flaminia[1]. Cinthio et Oratio sont en rivalité auprès d'Isabelle ; Isabelle à son balcon demande à l'un et à l'autre quelles sont les qualités qui l'ont rendu amoureux. Oratio loue la beauté du corps et décrit l'une après l'autre ses perfections. Cinthio loue la beauté de l'âme et vante tous les dons exquis qui l'ont fait brûler pour elle. Isabelle dit à Cinthio qu'il jouira de la beauté de son esprit et lui souhaite le bonsoir ; elle dit à Oratio qu'il jouira de l'autre beauté et sera son mari.

1. Isabella scopre a Flavio esser di lui innamorata; Flavio dolcemente la consola. (*La Creduta morta.*)

4.

Les jeunes gens et les jeunes filles s'expliquent sur tout cela avec une simplicité tout italienne, et nous rappellent ces dames romaines dont parle Stendhal, qui, fermant leur porte à tous les visiteurs, font dire pour excuse que la signora est *innamorata*.

Nous allons donner un aperçu de quelques-unes de ces comédies. Elles sont toutes précédées d'un argument qui contient les explications indispensables et indique sommairement le sujet. Cet argument était-il lu ou récité avant la représentation? Cela est très-probable, à en juger par les comédies écrites dans lesquelles les prologues sont d'un constant usage.

Voici, par exemple, l'argument de *la Fortunée Isabelle* (Journée III). « Il y avait à Gênes un jeune homme bien né et riche nommé Cinthio, lequel, resté sans père ni mère, n'avait qu'une sœur douée d'une beauté rare et d'une éducation distinguée. Il advint que le frère, qui n'avait d'autre désir que de la bien marier, se lia d'amitié avec un certain capitaine, lequel ne souhaitait rien tant que d'épouser ladite sœur. Cinthio, entrant dans les vues de son ami, parla du capitaine à sa sœur qui montra des sentiments favorables. Le mariage fut donc convenu et l'on échangea sa foi et sa parole.

Mais il arriva que des affaires importantes obligèrent le capitaine de se rendre à Naples. Il partit, promettant de revenir dans très-peu de temps. Les noces auraient lieu dès son retour. Une fois à Naples, le capitaine, oubliant ses promesses, y demeura trois ans. Cinthio, n'en recevant point de nouvelles, se décida à chercher, et avec une meilleure fortune, un mari à sa sœur. Celle-ci, apprenant ce que son frère projetait, lui déclara qu'elle ne voulait plus se marier. Tourmentée par Cinthio à ce sujet, Isabelle (c'était le nom de la sœur) prit le parti de quitter le pays. Elle s'enfuit déguisée en servante, accompagnée d'un serviteur, et parvint à Rome. Le capitaine, de son côté, était venu dans cette ville et était sur le point d'y prendre femme. Isabelle reproche au capitaine son manque de foi et trouve moyen de contenter son ressentiment. Elle consent, par la suite, après diverses aventures, à accepter un autre époux, à la grande satisfaction de son frère Cinthio. »

Cette situation que Flaminio Scala développe en trois actes, peut être considérée comme une des plus simples et des plus communes qu'offrent les pièces représentées par les *Gelosi*. Voici encore quelques analyses sommaires. « Dans *lo Specchio* (le Miroir), Isabelle, fille illégitime de Pantalon, est amenée à Rome par sa mère Olympia et introduite dans la maison de son père sous l'habit de page et sous le nom de Fabritio. Pantalon a perdu un diamant d'un grand prix. Fabritio lui promet de le lui faire retrouver au moyen d'un miroir magique. Le faux page, en regardant dans cette glace, feint d'y voir s'y dessiner tous les événements passés, la jeunesse de Pantalon et son amour pour Olympia, Olympia abandonnée donnant le jour à une fille, cette fille grandissant, venant à Rome, se déguisant en page pour entrer chez son père, et s'écriant enfin : « *Padre mio, io son quella e Olympia è mia madre!* (Mon père, c'est moi qui suis cette fille et Olympia est ma mère!). » Pantalon, attendri, l'embrasse, lui donne pour mari Oratio qu'elle aime, et lui-même répare ses torts envers Olympia.

Dans *il Porta-lettere* (le Porte-lettres, ou le Facteur de la poste comme nous dirions aujourd'hui), Stefanello, Vénitien, est en correspondance pour marier sa fille Ortensia à un jeune homme de Gênes nommé Flaminio. Un gentilhomme de Venise amoureux de la jeune fille veut l'enlever; il est tué par le père et des *bravi* apostés. Stefanello fuit d'abord à Bologne et de Bologne à Rome, ayant pris le nom de Pantalon et sa fille celui d'Isabelle.

Cependant Flaminio, qui n'était pas satisfait de l'hymen qu'on lui préparait, s'était enfui de Gênes et était venu à Bologne, où il s'était épris d'Isabelle, qu'il avait suivie à Rome. C'est dans cette ville que se passe la pièce. Elle est fondée surtout sur un tour que joue le capitan, qui a lu une lettre que Pantalon envoyait à Venise, et dans laquelle il a vu le vrai nom de celui-ci et de sa fille. Le capitan a excité la jalousie de Flaminio ; mais il affirme à Flaminio qu'il est amoureux *per fama* d'une jeune Vénitienne nommée Ortensia. Flaminio s'émerveille de la rencontre et jure au capitan qu'il le servira dans son amour. Le capitan accepte sa parole. Il se donne à Pantalon pour envoyé par ses ennemis de Venise afin de le tuer ; mais touché de la beauté d'Isabelle, il renonce à son projet et demande la main de sa fille. Isabelle découvre à Flaminio qui elle est et qui est son père. Le capitan oblige Flaminio, en vertu de l'engagement d'honneur qu'il a pris, à demander pour lui la main d'Ortensia à Pantalon. Mais, satisfait de la fidélité de Flaminio à sa parole, il renonce à la jeune fille et la cède à son ami. Le rôle du capitan est, dans ce canevas, loin d'être grotesque, et cela, du reste, arrive fréquemment dans les pièces des *Gelosi*.

Dans *Il Giusto castigo* (le Juste châtiment), Flavio, mari de Flaminia, jaloux d'Oratio, feint de partir pour la guerre de Hongrie. Après un certain laps de temps, il revient avec le capitan, son ami, dont il se fait passer pour le valet. Le capitan, qui dit s'en revenir de la guerre de Hongrie, raconte à Flaminia, qui se croit veuve, la mort de son mari. Il lui apporte et lui remet une cassette et une lettre que Flavio lui a confiées avant de mourir. Dans la lettre, Flavio raconte comment la jalousie qu'il a conçue contre Oratio et les preuves qu'il a cru avoir de l'infidélité de Flaminia ont été cause de son départ et de sa mort. Flaminia, innocente, pleure la triste erreur de son mari. Cependant Oratio, qui poursuit Flaminia, bien qu'il soit aimé d'Isabelle, obtient de Pantalon la main de sa fille Flaminia. Flaminia, que le récit de Flavio a plongée dans le désespoir, veut tuer le traître; après quoi, elle ira mourir sur le tombeau de son époux. Elle lui donne un rendez-vous et s'arme d'un poignard pour satisfaire sa vengeance; mais le prétendu valet du capitan, qui a assisté à ces différentes scènes et qui s'est convaincu de l'injustice de ses soupçons, se démasque. Oratio, forcé d'avouer son imposture, se met à la merci d'Isabelle. Celle-ci, après avoir obtenu grâce pour la vie de celui qu'elle a aimé et qu'elle n'aime plus, lui ordonne d'aller vivre dans la solitude, et quant à elle, elle épouse Cinthio.

On voit que sur le théâtre des *Gelosi* et dans les comédies même, l'élément comique ne prévalait pas exclusivement ; le sentiment, la passion et le drame y tenaient une bonne place ; la bouffonnerie n'y était souvent qu'accessoire et épisodique, et ainsi mesurée elle n'en produisait sans doute qu'un plus grand effet. Les lazzi sont, au moins dans le plus grand nombre des canevas, bien loin d'être aussi prodigués qu'ils le furent à une autre époque.

On les emploie tantôt pour occuper la scène pendant que des événements plus ou moins importants sont censés se passer dans la coulisse, tantôt pour égayer une fin d'acte. C'est, par exemple, la désolation burlesque d'Arlecchino, de Pedrolino et de Burattino mangeant un plat de macaroni en pleurant tous trois à chaudes larmes à cause d'un accident qui est survenu à la femme de Pedrolino. — Ou bien, c'est Burattino dupé par deux larrons : « Burattino, ayant été chercher des provisions pour l'hôtellerie, revient avec un panier plein de victuailles. Mais il veut d'abord prendre un à-compte sur le souper et manger quatre bouchées avant de rentrer chez lui. Il s'assied au milieu de la scène et se dispose à manger, quand deux voleurs viennent, le saluent très-poliment et s'assoient sans façon de chaque côté de lui. L'un des deux entame la conversation et lui raconte qu'il est du pays de Cocagne, pays où l'on mange fort grassement et copieusement. Pendant ce temps, l'autre compagnon mange une partie des provisions de Burattino. Ayant fini, il prend la parole, et attirant toute l'attention de Burattino qui l'écoute la bouche béante, il lui fait un discours en trois points sur l'indélicatesse des voleurs et sur les châtiments rigoureux qui les attendent. Pendant ce temps-là, le premier orateur du pays de Cocagne dévore et avale les restes du panier. Après quoi ils s'en vont avec force politesses. Burattino, revenu de l'étourdissement que lui a causé leur flux de paroles, se met en devoir de manger, mais ne trouve plus que le vide et rentre chez lui en pleurant. »

Un certain nombre des canevas des *Gelosi* sont purement burlesques; l'on n'y voit d'un bout à l'autre que scènes nocturnes, quiproquos, trocs de costumes, gourmades et horions pleuvant de toutes parts. On peut citer, entre autres, ceux intitulés : *le Pédant, la Chasse, l'Arracheur de dents*, etc. Dans ce dernier canevas, Pantalon et son fils Oratio étant rivaux auprès d'Isabelle, il y a un concert assez plaisant entre tous les personnages pour faire accroire à Pantalon que son haleine est empestée. Pantalon, qui songe à se remarier, prend le parti de faire extraire les molaires d'où cette infirmité provient sans doute. C'est Arlequin déguisé qui fait le *cavadente*. Avec d'énormes tenailles il arrache d'un seul coup quatre bonnes dents à Pantalon. Celui-ci, dans l'excès de la douleur, s'accroche à la barbe de l'opérateur; cette barbe est postiche et lui reste dans les mains. Arlequin s'enfuit; Pantalon se met à sa poursuite, etc. Dans la *Chasse*, l'exposition, l'ouverture de la pièce est vive et originale. C'est l'aube du jour. Pantalon, à sa fenêtre, sonne du cor pour donner le signal aux autres chasseurs. Gratiano à sa fenêtre lui répond par une fanfare. Burattino et Claudione le Français font de même. Quand ils se sont retirés, Isabelle se montre à la fenêtre de Pantalon et implore le soleil, afin qu'il hâte sa marche et qu'elle puisse voir Oratio. Flaminia apparaît également, de l'autre côté, à la fenêtre du docteur et accuse la lenteur de l'aurore qui lui fait attendre la vue de Flavio. Au même instant, les chasseurs, vêtus d'habits ridicules, traversent la scène à grand bruit et s'éloignent. Le bruit des cors s'éteint à peine dans le lointain, que Flavio et Oratio accourent, etc.

Dans les pièces de ce genre, qui sentent un peu le carnaval, les personnages se livrent à une course folle les uns après les autres, et le dénoûment a lieu au milieu d'un tumulte extravagant ; elles supposent une verve endiablée chez tous les acteurs. *La Sposa* (l'Épousée), par exemple, qui forme la dixième journée du recueil, devait être quelque chose de tout à fait analogue à notre moderne *Chapeau de paille d'Italie*. L'exposition se fait par la noce de Pedrolino et de Franceschina emmenés par les sonneurs de trompe et les *facchini*. Le désordre se met dans la noce, grâce à Isabelle, et c'est ensuite une sarabande comique qui ne laisse pas aux spectateurs le temps de respirer jusqu'à la fin du troisième acte.

Les situations sont souvent risquées, choquantes à un point qu'on a peine à se figurer. On comprend ce que l'acteur français Des Lauriers, surnommé Bruscambille, disait, à quelque temps de là, dans un de ses prologues en parlant de la farce française : « Je puis dire avec vérité que la plus chaste comédie italienne est cent fois plus dépravée de paroles et d'actions qu'aucune des nôtres. » Bornons-nous à quelques indications sur ce point délicat.

Dans *il Vecchio geloso* (le Vieillard jaloux), Isabelle, femme de Pantalon, au milieu d'un bal champêtre, fait une confidence à son mari. Celui-ci s'empresse d'aller trouver la maîtresse du logis, et, guidé par celle-ci, il conduit Isabelle vers une logette qui se trouve au fond du jardin. Il y fait entrer Isabelle, et se tient à la porte pour écarter les importuns. Lorsque Isabelle sort, Pantalon lui essuie le front et lui fait de tendres reproches, en lui recommandant bien, lorsqu'une pareille volonté lui viendrait encore, de ne pas hésiter à l'avertir. Or, la logette où est entrée Isabelle est le galetas du jardinier Burattino; et l'amoureux Oratio, dont la maîtresse du logis est complice, s'y tient caché. A quelques scènes de là, le jardinier vient demander à Oratio de l'indemniser pour son bois de lit qu'il a trouvé tout rompu [1].

Dans *le Burle d'Isabella* (les Ruses d'Isabelle), Pantalon ayant marié sa servante Franceschina à Burattino l'hôtelier, leur a promis un cadeau de mille ducats le jour où Franceschina mettrait au monde un enfant du sexe masculin. Cet enfant se fait attendre et les deux époux s'accusent mutuellement du retard. Pedrolino, déguisé en mendiant,

---

1. Voir l'Appendice, n° 2.

s'arrête à la porte de l'hôtelier. Un faux marchand vient remercier tout haut le faux mendiant du service que celui-ci lui a rendu en lui donnant le secret d'avoir un héritier. Un autre vaurien, également d'accord avec Pedrolino, lui apporte de l'argent pour le récompenser de lui avoir rendu le même service. Burattino, qui entend cela, appelle sa femme, et les voilà tous les deux à questionner ce mystérieux opérateur. Pedrolino ne peut leur révéler son secret, mais libre à eux d'éprouver l'excellence de ses connaissances occultes. Le mari et la femme, s'étant consultés, le cajolent et l'entraînent chez eux. Lorsque ensuite Burattino rencontre Pantalon, il l'engage à tenir prêts ses mille ducats, parce que Franceschina ne peut tarder de mettre au jour un garçon.

Ces exemples, non choisis parmi les pires, suffisent à montrer qu'une grande licence régnait sur le théâtre des *Gelosi*, et pourtant il est certain que cette troupe était en progrès sensible sous ce rapport et qu'elle frappait, au contraire, les contemporains par une décence inaccoutumée. Niccolo Barbieri dit Beltrame, dans sa *Supplica*, nous explique une amélioration que nous aurions, sans lui, quelque peine à comprendre. Parlant des comédiens antérieurs aux *Gelosi*, « ils n'hésitaient pas, dit-il, à pousser la vraisemblance jusqu'à faire comparaître sur la scène un homme nu, s'échappant d'un incendie nocturne, ou une femme dépouillée par des brigands, attachée à un arbre par quelques lambeaux d'étoffe, et à produire d'autres spectacles du même genre ou plus indignes encore d'être mis sous les regards de galants hommes[1]. » Chez les *Gelosi*, au contraire, la scène était généralement respectée; et encore, et encore! il n'est pas rare qu'au dénoûment, les Isabelle, les Flaminia, les Flavio et les Oratio arrivent sur le théâtre *in camiscia*. Mais enfin il est constant que les *Gelosi* se piquaient d'une certaine réserve et que cette réserve au moins relative paraissait tout à fait remarquable et de nature à écarter tout reproche. La troupe n'avait-elle pas pour devise un Janus à double face avec cette légende jouant sur le nom de *Gelosi* :

Virtù, fama ed onor n'ser gelosi.

Les bizarres équipées attribuées sur le théâtre

1. « Non havevano riguardo, per star nel verissimile, di far comparire un' huomo ignudo per sottrarsi da un notturno incendio, o una donna svaligiata quasi ignuda, e alle volte tutta spogliata, ligata ad uno scoglio con velo trasparente intorno, ed altre cose indegne d'esser vedute da galant' uomini. » (*La Supplica*, cap. VI. Che gli istrioni rappresentavano sovente casi viziosi.)

aux Isabelle, aux Célia, aux Aurélia ne les empêchaient nullement, à ce qu'il paraît, d'être tenues en haute estime, quand elles savaient conserver dans la vie privée une dignité convenable. Niccolo Barbieri dit simplement à ce sujet : « Ces fictions ne peuvent corrompre l'âme des comédiennes, puisque c'est l'usage de l'art. »

A une époque plus rapprochée de nous, le marquis d'Argens, remarquant aussi le contraste existant entre la liberté presque illimitée de la scène italienne et les mœurs souvent correctes des actrices de cette nation, l'expliquait par la considération même dont les comédiennes jouissent en Italie. « Elles participent, disait-il, à tous les honneurs de la société civile ; elles sont encouragées par les égards qu'on a pour leur talent ; et leur profession n'ayant rien que de brillant, elles tâchent de ne point se rendre méprisables. »

En ce qui concerne Isabelle Andreini, l'héroïne de tant d'aventures cavalières, il y a parmi ses contemporains unanimité pour célébrer sa vertu. Dans des vers latins composés à sa louange, on l'appelle :

Sæculi Sulpiciam,
Florem illibatum populi, suadæque medullam.

— On la loue de réunir en elle Cypris, Minerve et Junon,

Casto conjugio, sophia, vultusque decore.

Et plus tard, son fils Giovanni-Battista, dans le *Théâtre céleste*, revendiqua presque pour elle l'auréole de la sainteté.

CHAPITRE V

LE THÉATRE DES GELOSI (SUITE).

Il ne faut point cependant, malgré la considération qui entourait quelques artistes éminents, s'exagérer la vertu des comédiens et des comédiennes de l'Italie. Leur profession les exposait à la médisance, en Italie aussi bien qu'ailleurs. Et, comme cela s'est toujours vu, comédiens et comédiennes étaient les premiers à médire d'eux-mêmes sur le théâtre et à faire la satire de leurs propres mœurs. Le recueil de Flaminio Scala nous en offre la preuve ; il s'y trouve une pièce intitulée *il Ritratto* (le Portrait), où la profession comique n'est pas présentée sous un jour avantageux.

Voici l'argument de cette pièce :

« Une troupe de comédiens jouait à Parme. Comme de coutume, la principale actrice de la troupe recevait beaucoup de visites. Un cavalier de la ville l'ayant été voir, elle lui enleva du cou un joyau qui renfermait le portrait d'une très-belle dame, donné par celle-ci à ce cavalier nommé Oratio. Tout en causant, la comédienne, qui s'appelait Vittoria, retira subtilement le portrait du médaillon et rendit le joyau au cavalier, puis elle mit fin à la visite. A peu de jours de là, le mari de ladite dame venant voir, lui aussi, la comédienne, celle-ci, qui ne le connaissait pas, lui montra, par hasard, le portrait de sa femme. Le mari, qui se nommait Pantalon, demeura surpris, faisant de grandes instances à la comédienne pour savoir le nom de celui qui lui avait donné ce portrait. La comédienne le lui apprit courtoisement. Pantalon dissimula la cause de l'intérêt qu'il prenait à l'affaire, et, tout furieux, s'en retourna à son logis dans le dessein d'infliger un châtiment exemplaire à sa coupable moitié. Toutefois, arrivé chez lui, son épouse se disculpa avec de si bonnes raisons, qu'elle réussit à apaiser sa colère. »

La pièce s'ouvre dans ces circonstances. Les personnages sont, outre la comédienne Vittoria (jouée par la signora Antonella Bajardi) et son camarade Piombino, les deux vieillards Pantalon et Gratiano, leurs femmes Isabelle et Flaminia, et les amoureux de ces dernières, Oratio et Flavio. Pedrolino est valet de Pantalon. Arlequin est valet du capitaine Spavente. Une jeune Milanaise, déguisée en page, vient sous le nom de Lesbino offrir ses services au capitaine qu'elle aime ; ce rôle est tenu par la signora Silvia Roncagli, de Bergame.

ACTE PREMIER

SCÈNE I.

A la suite de la querelle qui a eu lieu entre elle et son mari, à l'occasion du portrait que ce dernier a vu aux mains de la comédienne Vittoria, Isabelle, soupçonnant Oratio d'aimer celle-ci, ordonne à Pedrolino d'aller demander audit Oratio le portrait qu'elle lui a donné jadis.

SCÈNE II.

Le capitaine Spavente raconte à Arlequin comment, à force d'assister à la comédie, il est devenu amoureux de la signora Vittoria. Arlequin lui dit qu'il perd son temps.

SCÈNE III.

Survient Lesbino que le capitaine consent à prendre pour page, après lui avoir fait quelques questions bouffonnes sur sa bravoure et sur ses talents militaires.

SCÈNE IV.

Flaminia, de sa fenêtre, appelle Arlequin et le prie de porter une lettre à un cavalier nommé Flavio qu'il rencontrera sur la place où se donnent rendez-vous les gentilshommes. Arlequin reçoit la lettre et promet de la remettre à celui à qui elle est adressée. Flaminia lui donne quelques *paoli* et se retire. Arlequin regarde attentivement la fenêtre de Flaminia.

SCÈNE V.

Le docteur Gratiano, mari de Flaminia, voyant Arlequin qui, une lettre à la main, contemple la fenêtre de sa femme, conçoit des soupçons, et lui demande ce qu'il cherche là et de qui est cette lettre. Arlequin répond qu'un nommé Flavio la lui a donnée pour remettre à une dame. Le docteur prend la lettre et frappe Arlequin avec sa canne.

SCÈNES VI A X.

Pantalon s'interpose entre le docteur et Arlequin. Flavio se présente. Gratiano, tout en colère, lui remet la lettre. Flavio la reçoit avec une profonde humilité[1]. Resté seul, Flavio lit la lettre, dans laquelle Flaminia le prie instamment de ne plus fréquenter la comédie.

1. Rappelez-vous l'*École des Maris*, acte II, scène 5.

SCÈNE XI.

Oratio, à qui Pedrolino réclame le portrait d'Isabelle, s'excuse de ne pouvoir le lui remettre, sous le prétexte que le médaillon est en réparation chez l'orfévre. Pedrolino sourit, lui demande combien il y a de temps qu'il n'est allé à la comédie, l'interroge sur tous les acteurs et en dernier lieu sur la signora Vittoria.

SCÈNE XII.

Isabelle sort au même moment; elle dissimule d'abord et réclame son portrait. Puis, Oratio répétant ce qu'il vient de dire à Pedrolino, elle l'appelle traître et lui dit qu'elle n'ignore pas qu'il aime la comédienne et qu'il lui a donné son portrait à elle. Irritée, elle enjoint à Pedrolino de la suivre et rentre sans vouloir écouter Oratio. Oratio se plaint de sa mauvaise fortune et maudit la présence de ces comédiens dont vient tout le mal; il s'exprime surtout en termes injurieux à l'égard de Vittoria qui lui a joué ce méchant tour.

SCÈNE XIII.

Le capitaine, entendant ce qu'Oratio dit des comédiens et de Vittoria en particulier, prend leur défense. Il soutient que la comédie est un noble divertissement et que la signora Vittoria est une dame honorable. Oratio, furieux, répond qu'il en a menti. Ils mettent la main à leur épée. Cependant, le capitaine demande à Oratio s'il veut se couper la gorge avec lui. Oratio répond qu'il est prêt. Le capitaine dit alors qu'il va écrire une lettre de rémission qu'il lui remettra pour le cas où il serait tué, car il n'entend pas que la justice puisse en ce cas chercher querelle à son adversaire. Il engage Oratio à en faire autant, et sort. Arlequin fait observer que son maître a bien la mine de vouloir esquiver l'affaire. Le premier acte finit ainsi.

ACTE DEUXIÈME

SCÈNE I.

Vittoria, vêtue richement, avec des chaînes d'or, avec des bracelets de perles, avec des diamants et des rubis aux doigts, se loue à Piombino de la cité de Parme, du duc et de toute la cour, rappelant les courtoisies infinies qu'elle reçoit chaque jour des seigneurs parmesans.

SCÈNES II A V.

Pedrolino vante son maître Pantalon à Vittoria. Pantalon survient, mais il n'ose aborder la comédienne, parce qu'il aperçoit sa femme à la fenêtre.

Pedrolino persuade à Pantalon que la comédienne est amoureuse de lui; Pantalon, flatté, exprime l'intention de lui faire un présent.

SCÈNE VI.

Pendant qu'Oratio raconte à son ami Flavio l'histoire malheureuse du portrait, Arlequin lui apporte la lettre de rémission du capitaine. Oratio l'accueille à coups de poing et le jette hors du théâtre.

SCÈNES VIII A XII.

Flavio et Pedrolino, puis Flaminia s'efforcent de réconcilier Isabelle avec Oratio. Isabelle s'adoucit, mais elle déclare qu'Oratio n'obtiendra rien d'elle tant qu'il ne se sera pas fait rendre le portrait, et elle lui défend, en outre, d'aller lui-même traiter de la restitution. Pedrolino leur découvre comment les deux vieillards, Pantalon et Gratiano, courtisent la comédienne.

SCÈNE XIII.

Arrive justement le docteur. Pedrolino feint de se disputer avec Flaminia en disant : « Que sais-je si votre mari va à la comédie ou s'il n'y va pas? » Flaminia, entrant dans ses intentions, fait semblant d'être jalouse de son mari. Quand elle s'est retirée,

Pedrolino fait part au docteur de la visite de la signora Vittoria qui est amoureuse de lui. Gratiano est enchanté.

SCÈNE XIV.

Piombino salue le docteur de la part de la signora Vittoria ; il le prie de prêter à la comédienne un bassin d'argent avec son vase, dont elle a besoin dans une pièce qu'elle va représenter. Le docteur répond qu'il les fera porter par Pedrolino. Piombino lui assure que la comédienne est éprise de lui, et qu'elle dédaigne pour lui tous les gentilshommes qui lui font la cour, chez elle et au théâtre. Le docteur s'en réjouit et promet une récompense à Piombino.

SCÈNE XV.

Le capitaine s'entretient avec son page Lesbino de la passion que lui inspire la comédienne. Lesbino s'efforce de le détourner de cette passion qui ne lui peut faire honneur ; il lui demande s'il n'a jamais éprouvé d'autre amour. Le capitaine répond qu'il a été amoureux, à Milan, d'une très-belle jeune fille nommée Silvia.

SCÈNE XVI.

Arlequin interrompt son maître pour lui dire que Vittoria l'attend près de là, dans la boutique d'un orfévre. Lesbino, désespéré, cherche à persuader à Arlequin qu'il doit le tuer, lui Lesbino, parce qu'il a formé le dessein d'assassiner son maître. Arlequin injurie et maltraite le page. Flaminia et Isabelle interviennent.

SCÈNE XVII.

Ayant deviné une femme sous l'habit de Lesbino, elles l'emmènent au logis de Flaminia. Ainsi finit le second acte.

ACTE TROISIÈME

SCÈNE I.

Vittoria et Piombino sortent de dîner chez un riche gentilhomme qui leur a fait de magnifiques cadeaux. Ils se félicitent entre eux de cet usage de faire des cadeaux aux comédiens, usage répandu parmi les villes d'Italie et auquel ne manquent guère les personnes d'un rang distingué. Vittoria avoue qu'elle se rit de tous les amoureux qui ne sont pas généreux envers elle. Piombino l'engage à amasser du bien pour ses vieux jours.

SCÈNES II ET III.

Pantalon vient à passer. Vittoria le remercie des présents qu'il lui a envoyés, et l'invite à se trouver au théâtre au commencement de la comédie. Pantalon promet d'y être. Arrive ensuite Flavio, que la comédienne arrête avec des discours engageants.

SCÈNE IV.

Mais Flaminia les aperçoit de sa fenêtre; elle sort irritée, applique un soufflet à Flavio et rentre chez elle. Flavio, mettant la main à sa joue, part sans dire un mot. Vittoria éclate de rire.

SCÈNE V.

Pantalon, qui a été témoin de ce coup de théâtre, blâme l'effronterie de Flaminia. Il se félicite, quant à lui, d'avoir une femme modeste et bien élevée. Après ces réflexions, il échange des compliments avec la comédienne. Mais Isabelle paraît.

SCÈNE VI.

Elle reproche à son mari de faire le galant avec toutes les dames et de la négliger [1]. Elle lui dit toutes ses vérités et ajoute qu'il ne mérite pas une femme comme elle. Enfin, s'emportant de plus en plus, elle s'élance sur lui et le met en fuite. Se retournant vers Vittoria, elle lui dit que si son honneur ne lui défendait pas de se commettre avec une

---

1. E come alle volte stà cinque e sei mesi senza dormire con la moglie.

actrice, elle lui apprendrait à vivre, et elle rentre chez elle. Vittoria rit de plus belle, disant que là où se trouvent les troupes de comédiens, les dames mariées ont la bouche sèche [1].

SCÈNE VII.

Gratiano arrive à son tour. « Voilà l'autre pigeon qu'il s'agit de plumer, dit Piombino, *ecco quà l'altro piccione da pelare.* » La comédienne fait en effet des coquetteries au docteur. Piombino lui rappelle le bassin et le vase d'argent qu'il a promis. Gratiano, joyeux, emmène Pedrolino avec lui, afin de lui remettre ces objets. Les comédiens se moquent de sa balourdise.

SCÈNE VIII.

Oratio, saluant Vittoria, réclame le portrait d'Isabelle. Vittoria lui répond en riant qu'elle ne sait ce qu'il veut dire, et elle s'éloigne avec Piombino.

SCÈNE IX.

Isabelle a vu Oratio parler à la comédienne; elle lui reproche de ne pas tenir sa promesse. Arlequin dit à Oratio qu'Isabelle et Flaminia ont enlevé un page de son maître, et qu'elles retiennent ce page chez elles. Isabelle, saisissant l'occasion de causer

---

1. Stanno a bocca secca.

du dépit à Oratio, appelle Flaminia, et lui dit d'amener son nouvel amant à la fenêtre. Lesbino paraît et dit à Isabelle : « Que me commandez-vous, signora ? » Oratio, à la vue de cet inconnu, enrage et se retire en maudissant Isabelle.

SCÈNE X.

Pantalon demande la cause de tout ce bruit. Isabelle dit qu'Oratio a voulu lui enlever ce page. « Et que voulez-vous faire de ce page ? » reprend Pantalon en colère. Isabelle raconte alors l'aventure de Silvia la Milanaise; elle engage Pantalon à aller à la comédie chercher le capitaine et à le ramener, s'il est possible. Pantalon se dit que c'est là justement l'occasion qu'il lui fallait pour aller au théâtre.

SCÈNES XI A XVII.

Les amoureux se cherchent encore querelle. Pedrolino leur fait observer combien ils ont tort, car les maris sont à la comédie qui durera bien jusqu'à six heures du soir. Ils devraient mieux employer ce temps[1]. Les amoureux reconnaissent la justesse de cette réflexion et se réconcilient. Les valets avisent au moyen de faire rentrer en grâce Silvia auprès du capitaine. Celui-ci paraît.

---

1. Che possano star in letto a godersi.

SCÈNE XVIII.

Pedrolino dit au capitaine qu'il trouvera Vittoria au logis de Pantalon; il l'introduit dans les salles basses de la maison où l'attend Silvia dépouillée de son costume masculin.

SCÈNE XIX.

Les deux valets Pedrolino et Arlequin restent seuls sur le théâtre. Ils s'assoient à terre, convenant entre eux de ce qu'ils diront si les vieillards rentrent à l'improviste. C'est le moment d'amuser la scène par quelques lazzi. Un fourbe, muni d'une lanterne, voit les deux valets. Il se met à pleurer, se lamentant parce qu'il a perdu beaucoup d'argent au jeu de cartes. Il ne lui reste plus qu'une dizaine d'écus. Les valets l'invitent à jouer avec eux. Ils jouent. Le fourbe gagne l'argent et les habits de Pedrolino et d'Arlequin, et les laisse en chemise; les valets se désolent.

SCÈNE XX.

Grand tumulte qui s'élève du côté de la comédie. Pantalon, Gratiano, Piombino accourent, amenant au milieu d'eux Vittoria, qui les supplie de la soustraire aux dangers qui la menacent, une rixe ayant éclaté à cause d'elle. Des gentilshommes, des *bravi*, l'épée nue, accourent en effet, et, apercevant Vittoria, la saisissent et l'entraînent. Piombino les suit avec des gestes de désespoir.

SCÈNE XXI.

Pantalon et Gratiano, se trouvant en face de leurs valets qui sont en chemise, leur demandent ce qui leur est arrivé. Les valets imaginent de dire que ce sont des gens sortant du théâtre qui les ont dévalisés, et ils ajoutent philosophiquement que, si les comédies apportent de la distraction et du plaisir, elles sont aussi l'occasion de nombreux scandales. Pendant qu'ils se livrent à ces sages réflexions, Isabelle, Flaminia descendent et demandent à leurs maris si la comédie est déjà terminée.

SCÈNE XXII.

Pantalon répond qu'une rixe l'a interrompue, et qu'il n'a pas aperçu le capitaine. Isabelle raconte comment elles ont fait dire au capitaine qu'il trouverait Vittoria dans les salles basses de leur maison, où Silvia, au lieu de la comédienne, l'attendait. Craignant toutefois que le capitaine, ainsi trompé, ne commît quelque violence, elles avaient prié le seigneur Oratio et le seigneur Flavio de prendre la peine de rester avec elles à jouer à la prime. Pantalon et Gratiano les approuvent.

SCÈNE- XXIII.

Le capitaine sort de la maison en jurant qu'on l'a trahi. Oratio et Flavio cherchent à le calmer. Pantalon et tous les autres personnages intercèdent en faveur de Silvia. Le capitaine s'attendrit. Il reconnaît que Silvia est d'une naissance honorable, qu'elle est fille d'un riche marchand milanais, et qu'il l'a aimée. Ensorcelé par cette comédienne diabolique, il a mis la pauvre Silvia en oubli, mais il revient à elle et consent à l'épouser.

SCÈNE XXIV.

On amène Silvia qui apprend que son amant lui rend sa tendresse.

Isabelle et Flaminia engagent leurs maris à laisser la comédie et à veiller sur leur maison et sur la conduite de leurs femmes; et ceux-ci répondent que c'est ce qu'ils feront désormais. Tout le monde entre chez Pantalon pour y célébrer la noce de Silvia et du capitaine, et c'est ainsi que finit la comédie d'*Il Ritratto*.

Voilà le squelette, l'*ossatura* de la pièce. Maintenant il faut bien se figurer qu'un dialogue ingénieux, disert, brillant, courait, pour ainsi dire, sur toutes ces situations. Si nous voulions retrouver des fragments de ce dialogue, nous ne serions point embarrassés. Nous prendrions les *scherzi* et les *contrasti* publiés après la mort d'Isabelle Andreini et qui contiennent certainement des souvenirs de ses rôles. Nous prendrions les comédies écrites antérieures aux *Gelosi*, dans lesquelles se rencontrent des situations analogues. Tout le rôle de la Milanaise existe, par exemple, dans *gli Ingannati* (les Abusés) des Étourdis de Sienne. Silvia, obligée d'écouter les confidences du capitaine Spavente qui l'entretient de ses nouvelles amours, faisait naturellement entendre les mêmes plaintes que la Lélia des *Ingannati* :

« Pauvre et misérable fille, tu viens d'ouïr de tes propres oreilles, et de la bouche même de cet ingrat, l'amour qu'il te porte. Infortunée, pourquoi perdre plus de temps à servir ce cruel ? Rien ne t'a valu la patience, rien les prières, rien les preuves de tendresse que tu lui as données. Quel espoir as-tu d'obtenir son affection par finesse et par ruse ? Refusée, chassée, fuie, honnie, je sers celui qui me repousse, j'aime celui qui me hait. Je vois bien que nulle ne lui plaît que l'autre ; c'est elle seule qu'il désire. Qu'il l'ait donc ! Moi, je le laisserai ou je mourrai. »

De même, lorsque le capitaine revient à Silvia, ils n'ont d'autres paroles à échanger entre eux que celles que prêtent à leurs personnages les auteurs des *Ingannati :*

Regardez, messer Spavente, reconnaissez votre page, celui qui s'est fait votre serviteur si fidèle, si dévoué ; celle qui vous a aimé d'un amour si brave et si constant. Vous vous taisez, ah ! comme vous savez peu estimer l'amour d'une dame comme elle !

LE CAPITAINE.

Est-il possible que j'aie été à ce point aveugle et que je ne l'aie pas reconnue ? Je crois certainement que c'est Dieu qui a eu pitié de cette vertueuse enfant et de mon âme qui allait à la perdition. Je veux donc, madonna Silvia, puisque vous y consentez, n'épouser que vous, et je vous jure, foi de cavalier, que si je ne pouvais obtenir votre main, je renoncerais à toute autre au monde.

SILVIA.

Vous êtes mon seigneur, et vous savez pourquoi j'ai fait ce que j'ai fait, et quel a été, depuis que je vous connais, mon unique désir.

LE CAPITAINE.

Vous l'avez bien montré. Pardonnez-moi tous les déplaisirs, toutes les souffrances que j'ai dû vous causer ; je ne vous connaissais pas, je m'en repens, et je m'aperçois de mon erreur.

SILVIA.

Vous ne pouviez rien faire que vous ne fussiez bientôt excusé à mes yeux.

LE CAPITAINE.

De crainte que de nouvelles mésaventures ne se jettent à la traverse de notre bonheur, nous nous marierons ce jour même, si vous en êtes contente.

SILVIA.

Très-contente, *contentissima*.

Voilà donc la comédie des *Gelosi*, telle à peu près qu'elle divertissait le roi Henri IV et Marie de Médicis. Cette troupe demeura à Paris pendant trois années : long espace de temps, car les troupes italiennes avaient le caractère essentiellement ambulatoire. Au printemps de 1604, les *Gelosi* résolurent de s'en retourner dans leur pays, soit qu'ils eussent épuisé la curiosité parisienne, soit qu'ils voulussent revoir le ciel de l'Italie. Leur départ excita de vifs regrets. Nos poëtes de ce temps-là adressèrent à l'envi leurs vers à Isabelle Andreini, pour l'engager à ne pas quitter la France. Transcrivons les stances suivantes d'Isaac du Ryer, non pour leur mérite poétique, mais comme témoignage de l'admiration qu'inspirait cette actrice.

A ISABELLE, comédienne.

Je ne crois point qu'Isabelle
Soit une femme mortelle,

C'est plutôt quelqu'un des dieux
Qui s'est déguisé en femme
Afin de nous ravir l'âme
Par l'oreille et par les yeux.

Se peut-il trouver au monde
Quelque autre humaine faconde
Qui la sienne ose égaler ?
Se peut-il, dans le ciel même,
Trouver de plus douce crème
Que celle de son parler ?

Mais, outre qu'elle s'attire
Toute âme par son bien dire,
Combien d'attraits et d'amours
Et d'autres grâces célestes,
Soit au visage ou aux gestes,
Accompagnent ses discours !

Divin esprit dont la France
Adorera l'excellence
Mille ans après son trépas,
(Paris vaut bien l'Italie)
L'assistance te supplie
Que tu ne t'en ailles pas.

Malheureusement pour elle, Isabelle ne céda pas à ces flatteuses instances. Arrêtée à Lyon par suite d'un accident, au commencement du mois de juin 1604, elle y mourut au milieu d'une fausse couche. Des honneurs publics furent rendus à l'illustre comédienne. Le 10 juin, ses obsèques eurent lieu avec beaucoup de solennité ; les échevins y envoyèrent les bannières de la ville avec leurs massiers ; la corporation des marchands suivit le convoi avec des torches.

Son mari, Francesco Andreini, fit graver sur sa tombe une épitaphe qu'on voyait encore à la fin du

dernier siècle, et qui se terminait ainsi : «..... *Religiosa, pia, musis amica, et artis scenicæ caput, hic resurrectionem exspectat.* » Une médaille fut frappée à son effigie avec son nom suivi des deux lettres C. G. (*Comica Gelosa*), et ayant au revers une renommée avec ces mots : *Æterna fama*. « Ce médaillon, dit M. Ch. Magnin, confirme les nombreux éloges adressés à la beauté d'Isabelle ; son profil est à la fois correct et expressif, et en la voyant dans ses gracieux atours florentins, on croit presque avoir sous les yeux un portrait de mademoiselle Rachel dans le costume de Marie Stuart, » toutefois avec un peu plus d'embonpoint.

Avec Isabelle mourut la troupe des *Gelosi*. Francesco Andreini quitta le théâtre. Flaminio Scala prit également sa retraite. Tous deux ne s'occupèrent plus de leur art qu'en qualité d'écrivains. Andreini fit paraître à Venise, en 1607, un recueil des traits les plus comiques de son rôle : *Le Bravure del capitano Spavento, divise in molti ragionamenti in forma di dialogo*. Ce recueil fut traduit en français : « *Les Bravacheries du capitaine Spavente*, divisées en plusieurs discours en forme de dialogue, de François Andreini de Pistoie, comédien de la compagnie des Jaloux, traduites par J. D. F. P. (Jacques de Fonteny Parisien.) » A Paris, chez David Leclerc, 1608. Voici les arguments des six discours contenus en ce livre :

Au 1er, le capitaine Spavente raconte son origine à son serviteur (Trappola) et lui discourt de la montre générale de la cavalerie.

Au 2e, de la guerre faite à Jupiter, et comme il fut son prisonnier.

Au 3e, du jeu du ballon, de la joute et de courre la bague.

Au 4e, de la chasse du cerf, du sanglier et de l'ours.

Au 5e, de ses fils bâtards, et de la querelle qu'il eut avec Janus.

Au 6e, de son habitation, de sa servitude, de son épée et de sa galère.

Flaminio Scala édita, comme nous l'avons dit, une partie des canevas de la troupe. Ils ont l'un et l'autre attaché leur nom aux œuvres posthumes d'Isabelle dont voici les titres : *Lettere della signora Andreini, Padovana, comica Gelosa e academica Intenta, nominata l'Accesa. In Venetia, 1627.* — *Fragmenti della signora Andreini, etc., raccolti da Francesco Andreini, comico Geloso detto il capitano Spavento, e dati in luce da Flaminio Scala comico. In Venetia,* 1627.

Francesco Andreini et Isabelle laissaient un fils, Giovanni-Battista Andreini, né en 1579, qui se distingua dans l'art qui avait illustré ses parents.

CHAPITRE VI

LA COMMEDIA SOSTENUTA.

Les acteurs Italiens accoutumés à jouer la comédie improvisée ne laissaient pas de représenter, à l'occasion, la comédie écrite et soutenue, de réciter les œuvres de l'Arioste, de Bibbiena, de Machiavel, de l'Arétin. Ainsi, l'on sait que le rôle de la bergère Silvia, dans l'*Aminta*, la pastorale du Tasse, était un des triomphes d'Isabelle Andreini. Les deux genres échangeaient, du reste, leurs productions. Un canevas qui avait du succès et que son auteur voulait faire imprimer était ordinairement transformé en comédie *écrite*. C'est là l'histoire des pièces que Ruzzante publia à la fin de sa vie d'improvisateur et d'acteur, l'histoire de l'*Angelica* du capitaine Cocodrillo et d'un très-grand nombre des productions que nous a léguées l'époque la plus féconde du théâtre italien. D'autre part, les comédies écrites et dialoguées n'en restaient pas moins des *soggetti*, des thèmes toujours prêts pour la *commedia dell'arte*. Riccoboni nous apprend, par exemple, que *la Emilia*, de Luigi Groto, surnommé l'aveugle d'Adria, cette pièce qui a fourni à Molière plusieurs des caractères et des situations de l'*Etourdi*, servait fréquemment de canevas aux acteurs de la comédie improvisée[1]. On oubliait les vers de l'aveugle d'Adria. Les vieillards, les valets prenaient les masques de Pantalon, de Brighelle ou d'Arlequin, et la pièce recommençait à chaque fois avec toutes les complications et toutes les cascades (*cascate*, le mot est dans la *Supplica* de Beltrame) que le genre comportait.

Il résulta de ces échanges que les traits de ressemblance entre la comédie régulière et la comédie de l'art se multiplièrent. De part et d'autre, les mêmes ressorts furent mis en jeu : les rapts, les captivités, les retours imprévus, les travestissements, les méprises produites par deux Ménechmes frère et sœur, les substitutions de personnes, les reconnaissances finales, les breuvages soporifiques, etc., étaient le fond commun dont abusaient à l'envi les auteurs et les acteurs.

---

1. Voyez l'Appendice, n° 3.

Les types principaux du jeu comique tendaient également à l'uniformité. On trouve le capitan et le pédant dans presque toutes les comédies écrites à partir du milieu du seizième siècle. Le capitaine Giglio baragouine plaisamment l'espagnol dans *gli Ingannati* (les Abusés) de l'Académie des Étourdis de Sienne (1531). Le pédant semble encore plus ancien et plus indispensable; il écorche déjà du latin dans les comédies de l'Arioste (par exemple Cleandro des *Suppositi*); il ne cessera de lâcher la bride à sa sottise intempérante pendant plus de deux cents ans.

La pièce où ce type du pédant est le plus outré, le plus chargé, est sans contredit celle de ce révolté fantasque, de ce grand ennemi d'Aristote, Giordano Bruno, qui fut une des victimes de l'Inquisition romaine. Giordano Bruno composa et fit imprimer à Paris, en 1582, une comédie intitulée *il Candelaio, comedia del Bruno Nolano, achademico di nulla achademia, detto il Fastidito*, « le Chandelier (fabricant de chandelles), comédie de Bruno de Nola, académicien de nulle académie, surnommé le Dégoûté. » Avec cette épigraphe : *In tristitia hilaris, in hilaritate tristis*. Plusieurs fois réimprimée, en 1589, en 1632, cette pièce fut traduite en français sous ce titre : « *Boniface et le Pédant*, comédie en prose imitée de l'italien de Bruno Nolano. A Paris, chez Pierre Menard, 1633. »

Bruno explique lui-même qu'il y a dans sa pièce trois personnages principaux : Boniface, l'amoureux ridicule, l'alchimiste Bartolomeo, avare sordide, et Mamfurio, le pédant imbécile, « desquels, ajoute-t-il, le premier n'est pas non plus sans ladrerie ni imbécillité, le second n'est pas sans niaiserie ni ridicule, et le troisième n'est pas moins sordide que sot. » Beau trio de baudets ! comme aurait dit La Fontaine. Nous ne parlerons que du troisième, de Mamfurio, à qui Métaphraste, du *Dépit amoureux*, a emprunté l'étymologie du mot *magister*, « trois fois plus grand, *tre volte maggiore*. » Avec quelle brutalité Giordano Bruno traite ce personnage, une scène suffira à en donner une idée. Barra, Marca, Corcovizzo, Sanguino, Ascanio, des vauriens déguisés en sbires, ont arrêté le pédant qui se trouvait dans une position plus qu'équivoque. Voici la scène que nous voulons citer :

BARRA.

Que ferons-nous de ce *domino magister* ?

SANGUINO.

Il porte sa culpabilité écrite sur son front. Ne voyez-vous pas qu'il est déguisé, qu'il a volé ce manteau ? N'avez-vous pas remarqué qu'il voulait prendre la fuite ?

MARCA.

Oui, mais il donne des explications assez vraisemblables.

BARRA.

Il n'importe, cela ne doit pas nous empêcher de le conduire en prison.

MAMFURIO.

Verum, mais je tomberai dans la dérision de mes élèves et de tout le monde, à cause des aventures qui se sont abattues sur mon dos.

SANGUINO.

Entendez-vous ce qu'il jargonne?

CORCOVIZZO.

Samson ne l'entendrait pas.

SANGUINO.

Or sus, pour abréger, voyez, *magister*, à quoi vous voulez vous résoudre, ou venir en prison, ou donner la bonne main à la compagnie avec les écus qui sont restés dans votre robe; car le voleur ne vous a pris que ceux que vous teniez pour les changer.

MAMFURIO.

Minime, je n'en ai plus aucun de reste, tous m'ont été enlevés, *ita, mehercle, per Jovem, per altitonantem, vos sidera testor.*

SANGUINO.

Écoute ce que je te dis. Si tu ne veux essayer des cachots de la Vicaria, et si tu n'as point d'argent, choisis de deux choses l'une : ou recevoir sur la paume des mains dix coups de cette férule, ou bien, les braies basses, recevoir cinquante coups d'étrivières; car de toute façon tu ne sortiras pas de nos mains sans faire pénitence de tes fautes.

MAMFURIO.

Duobus propositis malis, minus est tolerandum, sicut duobus propositis bonis, melius est eligendum, dicit Peripateticorum princeps.

ASCANIO.

Maître, parlez de manière à être compris...

BARRA.

Il a peut-être ses raisons pour vouloir que nous ne l'entendions pas...

CORCOVIZZO.

Dites vite ce que vous préférez, ou nous allons vous garrotter et vous conduire en prison.

MAMFURIO.

Minus pudendum erit palma feriri, quam quod congerant in veteres flagella nates; id nempe puerile est.

SANGUINO.

Que baragouinez-vous? que barbotez-vous pour votre malheur?

MAMFURIO.

J'opte pour les férules.

SANGUINO.

Bien. Corcovizzo, applique-les ferme.

CORCOVIZZO.

Voici. Taf! et d'une.

MAMFURIO.

Oimè! Jésus! of!

CORCOVIZZO.

Allons, l'autre main, bien ouverte. Taf! et de deux.

MAMFURIO.

Of! of! Jésus! Maria!

CORCOVIZZO.

Étends bien la main, te dis-je; tiens la droite comme cela. Taf! et de trois.

MAMFURIO.

Ahi! ahi! oimè! uf of of of! Pour l'amour de la passion de Notre-Seigneur Jésus! *Potius* faites-moi donner les étrivières, car je ne puis supporter une pareille douleur aux mains.

SANGUINO.

Soit, comme il vous plaît. Barra, prends-le sur tes épaules. Toi, Marca, tiens-lui ferme les pieds, qu'il ne puisse faire un mouvement. Toi, Corcovizzo, descends-lui les braies et tiens-les bien bas, et c'est moi qui me charge de l'étriller. Quant à toi, maître, compte les coups un à un, à haute voix, qu'on t'entende; et garde-toi bien de commettre une erreur dans le compte, car il faudrait recommencer.

MARCA.

Nous sommes prêts. Commencez à l'épousseter, et gardez-vous de faire mal aux habits qui ne sont pas coupables.

SANGUINO.

Au nom de saint Fouet! Compte, toff!

MAMFURIO.

Toff! un. Toff! oh! trois. Toff! oh! ahi! quatre. Toff! oimè! oimè! Toff! ahi! oimè! Toff! oh! pour l'amour de Dieu, sept.

SANGUINO.

Recommençons par le commencement. Après *quatre*, ce n'est point *sept*; vous deviez dire *cinq*.

MAMFURIO.

Hélas! que ferai-je? il y en avait sept *in rei veritate*.

SANGUINO.

Vous devez compter les coups un à un. Ainsi donc, pour recommencer, toff!

MAMFURIO.

Toff! un. Toff! un. Toff! oimè! deux. Toff! toff! toff! trois, quatre. Toff! toff! cinq. Oimè! toff! toff! six. Oh! pour l'honneur de Dieu! cessez. Toff! toff! pas plus... je veux... Toff! toff! voir dans ma robe... Toff! s'il y reste quelques écus.

BARRA.

Pardonnez-lui, de grâce, seigneur capitaine, puisqu'il se résout à payer l'étrenne.

SANGUINO.

Il n'a point d'argent.

MAMFURIO.

Ita, ita, je me souviens d'avoir encore plus de quatre écus.

SANGUINO.

Mettez-le par terre. Voyons ce qu'il a dans sa robe.

BARRA.

Sang de...! il y a plus de sept écus.

SANGUINO.

Reprenez-le, reprenez-le sur vos épaules; pour le mensonge qu'il a commis, pour les faux serments qu'il a faits, nous le forcerons à compter jusqu'à soixante.

MAMFURIO.

Miséricorde! à vous les écus, la robe et tout ce qui vous convient, *dimittam vobis.*

SANGUINO.

Prenez, puisqu'il vous les donne, et en outre ce manteau pour le restituer à son pauvre maître. Là-dessus, allons-nous-en tous.

La satire du pédant aristotélicien est ici poussée jusqu'à une sorte de fureur. Molière fit, avec cette étrange scène, un intermède du *Malade imaginaire*, mais il en atténua beaucoup les détails et substitua au pédant le vieil usurier Polichinelle, qui, après avoir essayé des croquignoles et des coups de bâton, finit par payer aux archers les six pistoles.

Les vieillards de la *commedia sostenuta*, qu'ils s'appellent Pandolfo, Polidoro ou Crisoforo, prennent bien vite la physionomie de Pantalon ou de Cassandre. Les valets rusés, dont la création appartient au théâtre antique, ont tous un air de famille.

Les valets balourds et poltrons en arrivent de bonne heure à se ressembler sur les deux scènes comiques : ainsi le Zucca de *l'Interesse* (l'Intérêt ou la Cupidité), comédie régulière de Nicolo Secchi, Zucca qui est devenu le Mascarille du *Dépit amoureux,* était un véritable Arlequin poltron et balourd dont Molière n'a pas complètement effacé les traits, tandis que le Mascarille de *l'Etourdi* n'était autre, comme on le verra plus loin, que le rusé *Scappino*, le Scapin-modèle emprunté à Beltrame, l'un des plus fameux artistes et écrivains de la *commedia dell' arte*. Le Mascarille des deux premières pièces du comique français avait donc, à l'origine des deux œuvres, porté les masques divers des deux *zanni* italiens, ce qui explique comment il se ressemble si peu à lui-même.

La soubrette est la même partout : voyez la Samia de *la Calandra* de Bernardo Divizio ; voyez l'Ulivetta de l'*Hortensio* des Etourdis de Sienne. Comme la Franceschina des *Gelosi*, elle rendrait des points aux Marinette et aux Dorine du théâtre français ; elle est surtout beaucoup moins sage que celles-ci. Elle vient, comme les valets ses camarades, en droite ligne des esclaves cyniques de la comédie latine. Qu'elle improvise ou qu'elle récite, elle ne perd rien de son babil ni de son effronterie.

Un personnage qui paraît avoir pris pied dans la comédie régulière avant de passer dans la comédie de l'art, c'est le Parasite. Il est chez l'Arioste, tel à peu près qu'on le voit chez Plaute et Térence. Mais il ne tarda pas à se transformer, il devint l'écuyer affamé et glouton qu'on donna pour serviteur tantôt au Pédant et tantôt au Capitan. Aux vantardises de ce dernier, à ses vaines prouesses accomplies le ventre vide, à son amour de la gloire, on opposa l'amour de la cuisine, l'appétit héroïque, le ventre rebondi de son valet. Le contraste de Don Quichotte et de Sancho Panza, de la réalité grossière et de l'idéal chimérique, existait sur le théâtre italien bien avant Cervantès. Pendant que le Capitan *va raccontando la sua bellezza, forza e valore*, raconte sa beauté, sa force et sa valeur, l'*Affamato* crie sans cesse famine et, en sortant de table, jure qu'il meurt de faim.

— Quelle crainte as-tu de mourir? réplique le Capitan; le seul récit de mes hauts faits doit suffire à te tenir en vie.

L'Affamato, quand le Capitan a fini ses rodomontades, entame à son tour le chapitre de ses exploits ; l'un parle de géants pourfendus et de princesses délivrées, l'autre de festins gigantesques et de noces de Gamaches.

L'Affamato voudrait bien changer de maître ; mais chacun redoute la prodigieuse capacité de son abdomen.

Vous êtes le serviteur du seigneur Bellorofonte ? dit le vieil Odoardo à Spazza *l'Affamato* dans *la Prigione d'Amore* [1].

— Tantôt son serviteur, tantôt son compagnon, mais surtout son auditeur.

— Comment, son auditeur ?

— Oui, auditeur des monstrueux mensonges qu'il débite continuellement. Je suis, il est vrai, présentement au service de ce catalogue de la gloire du monde, mais je suis encore plus dévoué aux gentilshommes de mérite et de vaillance comme est votre seigneurie ; aussi je m'offre à elle, à sa maison, à sa table, à son office, à ses fourneaux, si elle daigne m'accepter.

— Ne l'acceptez pas, seigneur Odoard, s'écrie Grillo, il est plus dévastateur que le déluge. Les fours qui se fabriquent maintenant en Lombardie sont faits sur le modèle de sa bouche. Son gosier a tant de tours et de détours que, lorsqu'il mange en compagnie, les autres ont déjà fini quand le premier morceau arrive à son estomac. Et telle est l'épouvantable fournaise de ses entrailles qu'elle calcine et consume les os mêmes en un instant !

Où s'est accomplie cette transformation du Pa-

---

[1]. *La Prigione d'Amore* de Sforza Oddi (1590) dont nous avons donné déjà un extrait.

rasite? Probablement dans la *commedia dell' arte*. On peut conjecturer que le personnage de Franca-Trippa, dans la troupe des premiers *Gelosi* et dans celle des *Comici confidenti*, fut la plus fameuse incarnation de ce rôle burlesque. *L'Affamato* ne s'est pas naturalisé en France; mais il a prospéré en Angleterre : il n'est pas douteux, en effet, que ce masque n'ait été connu de Shakspeare et ne soit entré pour quelque chose dans la puissante création de sir John Falstaff.

Un autre personnage né dans la comédie régulière à qui l'antiquité l'avait transmis, c'est la vieille entremetteuse, *la Ruffiana*. Il faut remarquer qu'elle est dans la comédie italienne ce qu'elle était déjà dans nos fabliaux, c'est-à-dire fausse dévote et béguine. Elle est nommée *Buona Pizzochera* (Bonne la béguine) dans *la Cameriera* (la Femme de chambre) de Nicolo Secchi (1587) :

ALBERTO.

Vous venez bien à propos, *madonna*.

BUONA.

La *Madonna* est dans le ciel, et moi je suis une pauvre pécheresse, et ainsi il ne convient pas de m'appeler *madonna*.

ALBERTO.

Je me sers de cette expression par respect pour votre

âge. Mais, dites-moi, vous êtes-vous occupée de ce que je vous avais priée de trouver pour ma fille?

BUONA.

De la femme de chambre?

ALBERTO.

Oui.

BUONA.

Par l'amour que je porte à ma pauvre âme, je vous dis en vérité que j'ai cherché dans toute la ville, et n'ai trouvé personne qui pût vous convenir. Elle me paraît toute pleine de Lucifers. Dans mon temps, on y aurait à peine découvert, et non sans fatigue, une ou deux mauvaises femmes. Maintenant partout où je m'adresse pour en découvrir une bonne, j'entends dire : celle-ci a fait ceci, cette autre a fait cela. Hélas ! Où en est venu le monde?

ALBERTO.

Vous ne dites que trop vrai.

Mais quand elle est seule avec le fourbe Mosca, elle ôte son masque d'hypocrisie :

MOSCA.

Ah! ah! ah!

BUONA.

De quoi ris-tu?

MOSCA.

De vos douceureuses paroles. Ah! si l'on ne vous connaissait pas!

BUONA.

Il est besoin de couvrir ainsi les vices qu'on a, *Bisogna dar questa coperta a i vitii.*

La vieille Donnola, dans *il Tesoro* (le Trésor), de Luigi Groto (1590), apporte au contraire dans son emploi une sorte de simplicité rustique. Elle a besoin de recourir à un notaire qui lui rédige un acte interminable auquel elle ne comprend rien, et, quand elle lui en demande l'explication, il la renvoie à un avocat, son associé. Donnola s'en va, avec son acte, consulter l'avocat. On lui dit qu'il est avec des gentilshommes à conférer sur des affaires de haute importance. Elle donne quelque monnaie à la servante, et on la fait entrer. Ces gentilshommes avec lesquels l'avocat est en conférence sont deux petits chats qui jouent entre ses jambes. La vieille a mis dans son sac dix *mocenighi* pour payer la consultation. Mais quand elle voit le riche mobilier, la quantité de livres qui encombrent la chambre, quand elle voit le monceau de monnaie d'or qui a été laissé sur la cheminée par les clients sans doute, elle rougit de ses dix *mocenighi*. L'avocat lit l'acte qu'elle lui remet avec tant de gravité, *con si mirabile prosoppopea,* que de plus en plus Donnola a honte de ses pauvres *mocenighi*. Mais quand elle s'excuse de la médiocrité de la somme, l'avocat la rassure : il sait le métier de la vieille, il lui demande de l'obliger.

La *Ruffiana* ne semble pas avoir brillé autant dans la comédie de l'art que dans la comédie soutenue. Elle n'a point de masque célèbre. Elle figure à peine dans les canevas des *Gelosi*.

Il n'est pas besoin de dire que les amoureux sont semblables de part et d'autre ; ils sont à peu près les mêmes toujours et partout. Nous venons d'indiquer ce que la comédie soutenue ajoute aux types ordinaires de la comédie de l'art telle qu'on la jouait dans les premières années du XVIIe siècle. Rappelons en quelques mots où en était la scène française à la même époque.

CHAPITRE VII

LE THÉATRE FRANÇAIS CONTEMPORAIN DES GELOSI.

On a vu quelle vive et fringante allure avait prise la comédie sur le théâtre des *Gelosi*. Le théâtre français contemporain était bien éloigné d'égaler sous ce rapport les Italiens. On peut même douter que la comédie ait jamais eu chez nous une telle aisance et une telle souplesse dans ses évolutions. Nos acteurs français représentaient alors les pièces informes d'Antoine de Monchrétien, de Nicolas de Montreux (Olenix de Mont-Sacré) et d'Alexandre Hardy qui était au début de sa longue et féconde carrière. C'étaient presque toutes tragédies, tragi-comédies ou pastorales ; la comédie, malgré les traductions ou les imitations littéraires des Larivey et des Turnèbe, avait peu de place tant au théâtre de l'Hôtel de Bourgogne qu'au théâtre de l'Hôtel d'Argent qui s'ouvrit vers 1600 rue de la Poterie au Marais. Les acteurs étaient toujours obligés d'en revenir à la vieille Farce, à la Farce « garnie de mots de gueule, » aux jeux des *pois pilés*, qui continuaient d'avoir la faveur populaire.

Cette ancienne Farce française, d'une composition généralement très-simple, à qui tout sujet était bon, contes, fabliaux, proverbes, anecdotes contemporaines, ne pouvait se comparer sans doute aux pimpants imbroglios de la *commedia dell' arte*. Ne faisons pas, cependant, trop bon marché de ces commencements de notre art comique. La forme était rudimentaire, il est vrai, mais la pensée, l'observation, la gaieté auraient parfois trouvé mieux leur compte dans ces grossières parades que dans les intrigues des Italiens. Sans doute les Arlequin, les Pedrolino, les Pantalon, étaient d'excellentes *charges* (ce mot est la traduction du mot italien *caricature*, passé depuis lors dans notre langue), c'est-à-dire des copies ressemblantes, quoique outrées, de la nature humaine. Ces types avaient leur vérité railleuse cachée sous leur exubérante fantaisie. Mais combien, dans la Farce française, la satire était déjà plus directe et plus pénétrante ! Les piquantes balivernes de Valéran dit *le Picard*, les plaintes de dame Gigogne, les hardiesses mimiques de Gros-Guillaume, tout méprisés qu'ils étaient des gens doctes et d'un goût difficile, n'en avaient pas moins plus de portée souvent que les lazzi et surtout que les éternels travestissements des *Gelosi*. Le rire, moins épanoui, moins insouciant chez nous, révélait, en revanche, bien plus de sagacité et de malice. Tandis que la tradition burlesque régnait presque souverainement sur la scène italienne, et que les types, inventés une fois pour toutes, y reproduisaient chaque ridicule dans son expression générale, nos bouffons ne perdaient pas l'habitude de regarder autour d'eux, de peindre sur le vif un caractère particulier, de saisir l'actualité au passage, d'exercer enfin l'esprit observateur et satirique propre à la nation.

Voyez Gros-Guillaume s'ébattre dans les appartements du Louvre. Henri IV, qui aimait à se divertir des parades comiques qui commençaient à faire la réputation de l'acteur français, le faisait appeler quelquefois. Le roi est entouré de tous les cadets de Gascogne qui ont jadis suivi sa fortune ; il a entre les jambes le Gascon gasconnant Antoine de Roquelaure, le compagnon de ses équipées galantes, le maréchal borgne, qui a plus grand nez que son maître. En présence de son auditoire venu directement des bords de la Garonne, Gros-Guillaume joue la farce du *Gentilhomme gascon*. L'acteur contrefait Roquelaure ; celui-ci fait semblant de se lever pour aller le battre, et Gros-Guillaume dit : « Cousis, ne bous faschez... » Le roi retient Roquelaure en riant aux éclats. Rien de pareil, soyez-en sûrs, ne se voyait chez les Italiens.

La tendance qu'avait Gros-Guillaume à singer les travers des gens finit, comme on sait, par le perdre. Il imita trop bien un magistrat à qui une certaine grimace était familière. Il fut arrêté et mis dans un cachot (on n'était plus sous Henri IV), et le saisissement qu'il en eut causa sa mort. C'est là du moins ce que rapporte la légende comique.

S'ils étaient moins savants et moins raffinés que leurs rivaux, s'ils n'étaient pas aussi riches en inventions galantes ou burlesques, les comédiens français de la rue Mauconseil avaient pourtant leurs verves, comme disait Montaigne, et, dans leurs batelages, perçait parfois un génie comique qui promettait de dépasser la *commedia dell' arte* elle-même. Nous pouvons, du reste, assister à un jeu des *pois pilés* (c'était le nom populaire qu'on donnait aux Farces de l'Hôtel de Bourgogne), aussi facilement que nous avons assisté aux représentations des *Gelosi*.

L'Estoile nous en fournira le moyen. La Farce qu'il nous raconte n'aurait, comme une infinité d'autres, laissé aucune trace sans doute dans l'histoire de notre théâtre, si elle n'avait touché à la politique. Mais par son caractère aristophanesque et par les suites qu'elle aurait eues sans la spirituelle indulgence de Henri IV, elle tomba dans le domaine du chroniqueur, et son récit nous en a conservé les principaux traits. C'est en 1607, deux ans et demi après le départ des *Gelosi,* que fut jouée la petite pièce dont l'Estoile rend compte dans les termes suivants :

« Le vendredi 26 de ce mois (de janvier), fut jouée à l'Hôtel de Bourgogne une plaisante farce, à laquelle assistèrent le roi, la reine et la plupart des princes, seigneurs et dames de la cour. C'étaient un mari et une femme qui se querellaient ensemble ; la femme criait après son mari de ce qu'il ne bougeait tout le jour de la taverne, et ce, pendant qu'on les exécutait tous les jours pour la taille qu'il fallait payer au roi, qui prenait tout ce qu'ils avaient ; et que, aussitôt qu'ils avaient gagné quelque chose, c'était pour lui et non pas pour eux. — C'est pourquoi, disait le mari se défendant, il en faut faire meilleure chère ; car, que diable nous servirait tout le bien que nous pourrions amasser, puisqu'aussi bien ce ne serait pas pour nous, mais pour ce beau roi? Cela fera que j'en boirai encore davantage, et du meilleur. J'avais accoutumé de n'en boire qu'à trois sous; mais, par Dieu! j'en boirai dorénavant à six sous pour le moins. Monsieur le roi n'en croquera pas de celui-là. Va m'en quérir tout à cette heure, et marche! — Ah! malheureux! répliqua cette femme et à belles injures, merci Dieu! vilain, me veux-tu ruiner avec tes enfants? Ah! foi de moi, il n'en ira pas ainsi.

« Sur ces entrefaites, voici arriver un conseiller de la Cour des aides, un commissaire et un sergent, qui viennent demander la taille à ces pauvres gens, et, à faute de payer, veulent exécuter. La femme commence à crier après; aussi fait le mari, qui leur demande qui ils sont. — Nous sommes gens de justice, disent-ils. — Comment! de justice! dit le mari. Ceux qui sont de justice doivent faire ceci, doivent faire cela, et vous faites ceci et cela (décrivant naïvement en son patois toute la corruption de la justice du temps présent). Je ne pense point que vous soyez ce que vous dites. Montrez-moi votre commission. — Voici un arrêt, dit le conseiller. Sur ces entrefaites, la femme s'était saisie subitement d'un coffret sur lequel elle se tenait assise; le commissaire, l'ayant avisée, lui fait commandement de se lever de par le roi, et leur en fait faire l'ouverture. Après plusieurs altercations, la femme ayant été contrainte de se lever, on ouvre ce coffret, duquel sortent à l'instant trois diables qui emportent et troussent en masse M. le conseiller, le commissaire et le sergent, chaque diable s'étant chargé du sien. Ce fut la fin de la farce de ces beaux jeux, mais non de ceux que voulurent jouer, après, les conseillers des aides, commissaires et sergents, lesquels, se prétendant injuriés, se joignirent ensemble et envoyèrent en prison MM. les joueurs; mais ils furent mis dehors le jour même, par exprès commandement du roi, qui appela les autres *sots*, disant Sa Majesté que, s'il fallait parler d'intérêt, il en avait reçu plus qu'eux tous, mais qu'il leur avait pardonné et pardonnerait de bon cœur, d'autant qu'ils l'avaient fait rire jusqu'aux larmes. Chacun disait que de longtemps on n'avait vu à Paris farce plus plaisante, mieux jouée, ni d'une plus gentille invention, mêmement à l'Hôtel de Bourgogne, où ils sont assez coutumiers de ne jouer chose qui vaille. »

Telle était la Farce française pendant les premières années du dix-septième siècle. Il est vrai qu'en même temps on jouait la *Nouvelle tragi-comique* du capitaine Lasphrise (1597), l'immense pastorale des *Chastes et loyales amours de Théagène et Chariclée*, de Hardy (1604), la *Lucelle* de Le Jars, en prose, ou de Du Hamel, en vers (1604), ou encore la tragi-comédie de *Bradamante*, par Robert Garnier, qui datait de 1582, mais dont la vogue était bien loin d'être épuisée, puisqu'elle ne l'était pas encore au temps de Scarron. Ces œuvres d'auteurs étaient des imitations confuses ; l'invention n'y atteignait qu'à la bizarrerie, et l'originalité en était plus absente que de la Farce grossière, dont « trois ou quatre diables volant en l'air, vous infectant d'un bruit de foudre, » comme disait Bruscambille, faisaient le dénouement.

Comme on le voit, deux arts bien différents étaient en présence sur les planches de la rue Mauconseil. L'un, français, éprouvait la plus grande difficulté à se débrouiller ; quand il ne se traînait pas terre à terre, il subissait les influences les plus diverses et semblait osciller dans le vide. L'autre, italien, était arrivé au plus haut point de culture, et jetait le plus vif éclat. L'un trahissait pourtant de naïves vigueurs et laissait deviner un vaste avenir. L'autre était déjà sujet aux redites et montrait les recherches et les efforts des imaginations qui s'épuisent. Ces deux arts, qui se rencontraient dans une période si opposée de leur existence, n'exercèrent pas l'un sur l'autre une influence aussi soudaine qu'on le pourrait croire. La France ne paraît pas avoir rien inspiré, rien suggéré alors à l'Italie. Chez nous, on resta longtemps encore dans cette alternative, ou d'être imitateur en perdant son originalité propre, ou de ne conserver son originalité qu'en dehors de toutes les conditions d'un art élevé et d'une littérature proprement dite. Il faut qu'il s'écoule un demi-siècle au moins pour qu'on en vienne à être assez maître de son propre génie pour le garder tout entier, même en présence des modèles que nous offraient les littératures plus avancées que la nôtre. Notre apprentissage dramatique a été, sans contredit, très-long, plein de haltes, de tâtonnements, de chutes même; et cette supériorité, que nous avons fini par imposer à toute l'Europe, a été conquise peu à peu et par le plus laborieux progrès.

CHAPITRE VIII

LES FEDELI.

Nous avons dit qu'Isabelle Andreini laissait un fils né en 1579, ayant vingt-cinq ans, par conséquent, à la mort de sa mère. Ce fils, Giovanni-Battista Andreini était marié depuis 1601 à Virginia Ramponi, actrice qui portait au théâtre le nom de *Florinda* et qui avait fait partie de la troupe des *Gelosi*, pendant leur dernier séjour en France. Giovanni-Battista figurait aussi, bien entendu, dans les rangs des *Gelosi* et jouait sous le nom de *Lelio*. A la mort de sa mère Isabelle, il annonça, comme son père Francesco, l'intention de renoncer au théâtre, mais il ne persista pas comme lui dans sa résolution. Dès l'année suivante, il rassembla une nouvelle troupe qui s'appela les *Comici Fedeli*, les Comédiens Fidèles.

Cette troupe réunit un bon nombre d'artistes

distingués. Elle compta, outre le jeune directeur et sa femme, plusieurs des anciens *Gelosi*, entre autres : Giovanni-Paolo Fabri, connu sous le nom de *Flaminio*, et Nicolo Barbieri, originaire de Vercelli, qui avait déjà commencé à se faire connaître sous celui de *Beltrame da Milano*. Domenico Bruni jouait les rôles d'amoureux sous le nom de *Fulvio*, et Diana Ponti, actrice et poëte, jouait les rôles d'amoureuse sous le nom de *Lavinia*. Celle-ci est très-probablement « la vieille actrice » dont parle Riccoboni, laquelle avait trouvé dans l'héritage de son père des canevas signés par saint Charles Borromée. Elle devait être bien jeune au commencement du siècle, si Riccoboni, né vers 1674, put encore la connaître. Cependant on lit en tête d'*il Postumio*, comédie publiée par Flaminio Scala à Lyon en 1604, un sonnet *della signora Diana Ponti, detta Lavinia, comica Desiosa*[1].

Un acteur qui eut un grand succès dans les rôles naïfs, sous le nom de *Bertolino*, et qui jouit de la faveur particulière de Victor-Amédée Ier, duc de Savoie, *il signor* Nicolo Zeccha, fit partie de la troupe des *Fedeli;* il paraît y avoir remplacé le

1. Callot a dessiné dans ses *Balli di Sfessania* la signora Lavinia. Nous reproduisons ce dessin qui donne une idée du costume des premiers rôles féminins dans la troupe des *Fedeli*.

LAVINIA.

Pedrolino de la troupe des *Gelosi*, avec une nuance un peu différente du caractère.

Le capitan y fut représenté par Girolamo Gavarini, de Ferrare, qui prit le nom d'*il capitano Rinoceronte* (le capitaine Rhinocéros). Sa femme, Margharita Luciani, fut également engagée dans la troupe. Il y eut aussi une Francischina (ou Fracischina), une Ricciolina (ou Riciulina), sans qu'on puisse dire certainement si ces actrices étaient bien les mêmes que celles des *Gelosi*. C'est vraisemblable pour la seconde dont le véritable nom était, comme on l'a vu, Maria Antonazzoni ; c'est plus douteux pour la première, Silvia Roncagli, qui jouait déjà en 1578. Quoi qu'il en soit, le personsonnage de Francischina ou Fracischina eut et conserva à Paris une popularité plus grande que celui de Ricciolina : c'est le nom de Francisquine qu'adopta cette Anne Begot qui faisait le rôle de la femme de Tabarin ou de Lucas sur les tréteaux de la place Dauphine, « comédienne ordinaire de l'île du Palais, » comme on appelait ces acteurs en plein vent, commère dessalée, aussi preste à la riposte et probablement plus « forte en gueule » que sa devancière et sa contemporaine de la *commedia dell' arte*[1].

1. **Fracischina et Riciulina** figurent toutes deux dans les

Le directeur des *Fedeli*, Giovanni-Battista Andreini, fut un écrivain dramatique des plus féconds : il a laissé un grand nombre de pièces appartenant à tous les genres ; il y en a dix-huit cataloguées dans la *Drammaturgia* d'Allacci, et ce n'est qu'une faible partie de ses productions. Il ne suivit point l'exemple de Flaminio Scala : il écrivait le dialogue, tantôt en prose et tantôt en vers. En 1613, il fit représenter à Milan une sorte de mystère (*rappresentazione sacra*), intitulé *Adamo*. On a dit que ce fut cette pièce qui inspira à Milton, voyageant quelques années plus tard en Italie, la première idée du *Paradis perdu*. Andreini fit imprimer sa pièce avec une dédicace à la reine Marie de Médicis, qu'il avait pu voir à Paris, quand il était venu en France avec les *Gelosi*. Cette dédicace donna à la reine le désir de connaître la troupe dirigée par le fils de ses anciens protégés. Les *Fedeli* se rendirent à son invitation ; ils vinrent à Paris et y demeurèrent jusqu'en 1618, jouant soit à la cour, soit, d'accord avec les comédiens français, sur le théâtre de l'Hôtel de Bourgogne. Ils assistè-

---

Balli di Sfessania de Callot. La première danse en élevant un tambourin au-dessus de sa tête ; la seconde, faisant claquer des castagnettes entre ses doigts, saute avec un égal entrain. Ces deux types sont reproduits ci-contre.

FRACISCHINA.

RICIULINA.

rent par conséquent aux États-Généraux de 1614, au mariage du jeune Louis XIII avec Anne d'Autriche (1615), à la chute et à la mort de Concini (1617). Ce fut sans doute à la suite de ces derniers événements, après la retraite de la reine mère à Blois, que les Italiens s'en retournèrent en Italie.

Ils revinrent en 1621, à la mort du connétable de Luynes, lorsque, sous le ministère du chancelier Sillery et de son fils Puysieux, Marie de Médicis eut ressaisi une partie de son influence. Ils demeurèrent en France jusqu'à la fin du carnaval de 1623. Pendant l'année 1622, Giovanni-Battista Andreini fit représenter et imprimer à Paris cinq pièces de sa façon : *la Sultana, l'Amor nello specchio* (l'Amour au miroir), *la Ferinda, li Due Leli simili, la Centaura.*

« *L'Amor nello specchio*, dit M. Magnin, est une extravagante féerie dans laquelle apparaissent la Mort et les Esprits follets. La *Ferinda* vaut un peu mieux : c'est une comédie chantée, une sorte d'opéra-comique, dans lequel sept ou huit dialectes se livrent bataille : le mauvais allemand, le français corrompu, le patois vénitien, napolitain, génois, ferrarais, le langage pédantesque, sans compter un bègue qui ne peut, lui, parler aucune langue. Mais le comble de la bizarrerie est *la Cen-*

taura, véritable monstre dramatique, dédié cependant à Marie de Médicis. Cette pièce est divisée en trois actes : le premier est une comédie, le second une pastorale, et le troisième une tragédie ; le tout est écrit en prose mêlée de quelques stances disposées pour le chant. Les personnages de la pastorale, le croirait-on ? sont toute une famille de Centaures, père, mère, fils et fille. La mise en scène, comme on voit, devait offrir de grandes difficultés ; elle exigeait des masques bien étranges, même à côté des masques fantastiques de la comédie italienne.

« Après une suite d'aventures compliquées et romanesques, les deux Centaures, père et mère, qui combattaient pour recouvrer la couronne de l'île de Chypre, se tuent de désespoir, et la petite Centauresse, leur fille, monte sur le trône, ce qui devait lui être (qu'on nous permette de le dire) plus aisé que de s'y asseoir. L'auteur expose le plus gravement du monde, dans la dédicace, l'analogie qu'il aperçoit, d'abord entre la partie supérieure et noble de ses personnages et la dédicace qu'il présente à Sa Majesté, puis entre la partie basse et monstrueuse de ses héros et l'œuvre qu'il dépose aux pieds de la reine. »

Après avoir passé en Italie l'été de 1623, les

Comici Fedeli revinrent en France et y représentèrent pendant l'année 1624 et le commencement de l'année 1625. Giovanni-Battista Andreini perdit son père vers cette époque. Il publia, dans le cours de l'année 1624, un opuscule intitulé *il Teatro celeste*, en l'honneur des comédiens qui ont mérité la palme céleste, *dei comici martiri e penitenti, della divina bonta chiamati al titolo di beatitudine e di santita*. Cet opuscule comprend vingt-un sonnets : le premier en l'honneur de Saint-Genest, le second en l'honneur de Saint-Sylvain, le troisième en l'honneur de Saint-Ardelion. D'autres célèbrent de pieux acteurs de l'Italie moderne, tels que Giovanni Buono, retiré dans un cloître et vivant dans la pénitence : « Lequel, après avoir excité si longtemps le rire, disait le poëte, s'est changé en une source de larmes. » Un sonnet est consacré à la mémoire d'Isabelle Andreini, la mère de l'auteur. L'ouvrage était dédié au cardinal de Richelieu, qui entra, comme on sait, dans les conseils du roi, au mois d'avril de cette année 1624.

On voit quels sentiments édifiants animaient le directeur des *Fedeli*. Il n'était pas le seul dans la troupe qui en donnât l'exemple. Le capitaine Rhinocéros mourut au mois d'octobre 1624 : « Quand ce capitan trépassa, rapporte son camarade Beltrame, on trouva dans son lit un très-rude cilice, ce qui causa quelque surprise, car nous n'ignorions pas qu'il était pieux et *buon devoto*, mais nous ne savions rien de ce cilice. » Il entrait sans doute, dans cette émulation de piété, un secret besoin de protester contre l'excommunication sévère qui pesait en France sur la profession comique.

Ce qui pourrait sembler contradictoire, c'est que les pièces de Giovanni-Battista Andreini ne laissent pas d'être aussi licencieuses que celles des *Gelosi*; mais, comme dit Beltrame, c'était l'usage de l'art.

Andreini s'écriait en terminant son *Théâtre céleste :* « Scène trompeuse, je pars! jamais il ne m'arrivera plus de me dresser, fier et paré, sur votre sol. Oui, j'abandonne tout ce vain éclat, en même temps que je m'éloigne des beaux sites de la France... » Il quitta, en effet, la France avec les *Comici Fedeli;* mais, cette fois encore, il ne persévéra pas dans la résolution de renoncer au théâtre; il continua à diriger sa troupe jusqu'à l'âge de soixante-treize ans, jusqu'en 1652.

Est-ce en souvenir du séjour que les Fedeli avaient fait à Paris en 1624-1625, ou à l'occasion d'un nouveau voyage de cette troupe, qu'un des organisateurs des divertissements de la Cour eut l'idée de faire danser « un ballet du roi représentant les comédiens italiens » pour lequel Bordier fit des *vers*[1]? Les types que les courtisans et les baladins figurèrent dans les entrées de ce ballet sont désignés sous les noms de « Colas, Pantalon, Stephanel, Lelio, Florinde, Harlequin, Léandre, maître Philippes, le Dotour (le Docteur), Lydia, Fiquet, le Capitan. » *Lelio*, c'est bien Giovanni-Battista Andreini ; *Florinde*, c'est sa femme Virginia, qui mourut vers 1634 ; *Lydia*, c'est une jeune actrice que le directeur des *Fedeli*, devenu veuf, épousa en 1635. Quant aux autres types, il serait difficile de désigner les noms véritables des acteurs qu'on voulut copier dans cette fête royale ; quelques-uns des noms que l'on cite, Colas, maître Philippes, n'ont point une physionomie italienne, et sans doute ces personnages n'avaient appartenu qu'accidentellement à la comédie de l'art.

La comédie de l'art fut en décadence sur le théâtre des *Fedeli*. La fantaisie extravagante, dont le recueil de Flaminio Scala nous a déjà offert quelques exemples, s'y donna pleine carrière. Les inventions étranges et monstrueuses, les machines, les pompes du spectacle, le chant, la musique l'emportèrent sur les combinaisons plus ou moins ingé-

---

1. Voyez V. Fournel, *les Contemporains de Molière*, tome II, page 220.

nieuses du génie comique italien. Les anciens masques satiriques devinrent des personnages de féerie. Les *Fêtes théâtrales*, dans lesquelles tous les genres se confondaient, remplacèrent et la comédie et la pastorale, et l'*opera musicale* proprement dit, et même l'ancien *mystère* ou tragédie sacrée. C'était la confusion dans la magnificence, une sorte de Babel dramatique.

CHAPITRE IX

BELTRAME.

Que les *Fedeli* soient revenus ou ne soient pas revenus à Paris après 1625, pendant les dix-huit années que régnèrent encore Louis XIII et Richelieu, la France ne fut pas privée de troupe italienne. Beltrame (Nicolo Barbieri), s'étant séparé des *Fedeli*, forma une troupe avec laquelle il vint à Paris où il reçut un très-favorable accueil de la cour et de la ville. Louis XIII le nomma soldat dans sa garde d'honneur. Dans la *Supplica*, dont nous parlerons plus loin, il invoque, en témoignage du zèle qu'il déploya dans son service, son capitaine l'illustre duc-cardinal de La Valette; il est évidemment tout glorieux d'avoir joué ce rôle guerrier.

La comédie de l'art recouvra une partie de ses droits sous ce directeur, qui était un acteur excellent. On ne peut dire si le caractère de Beltrame existait avant lui; mais, en tout cas, il le fixa, le perfectionna et lui donna une importance toute nouvelle. Beltrame fait les personnages de père ou de mari : c'est un père un peu brusque et tenant serrés les cordons de sa bourse, mais indulgent et raisonnable; c'est un mari débonnaire, feignant de croire aux bourdes qu'on lui conte, qui voit clair toutefois, et qui prend sa revanche quand l'heure est venue. Il est moins facile à duper que Pantalon, mais il a aussi plus de bonté réelle. Son costume est très-simple : il a une casaque de drap gris, la trousse et la culotte de même; une collerette de toile sans empois; une ceinture de cuir avec une escarcelle en forme de giberne par devant. Il porte un demi-masque au nez crochu; sa barbe est taillée en pointe. On le voit représenté fort exactement en tête de sa *Supplica* imprimée à Venise en 1634; nous reproduisons ce dessin.

Beltrame, comme la plupart des comédiens distingués de sa nation, était auteur en même temps qu'acteur. Il fit jouer à l'impromptu une pièce dont plus tard il se donna la peine de développer le dialogue (*ho preso questa fatica di spiegarlo*) et qu'il fit imprimer à Turin en 1629 et à Venise en 1630. Elle est intitulée : «*l'Inavertito overo Scappino disturbato e Mezzettino travagliato*, le Ma-

BELTRAME.

lavisé ou Scapin contrarié et Mezzetin tourmenté. »
Ici nous rentrons tout à fait dans le domaine de la
commedia dell' arte. Les noms mêmes des personnages nous en avertissent, ce sont :

Pantalon des Bisognosi, Fulvio son fils, Scapin, leur valet;

Beltrame, Lavinia sa fille;

Mezzetin, marchand d'esclaves, Celia, Laudomia, ses esclaves;

Cintio, étudiant;

Le capitaine Bellorofonte Martellione, étranger;

Spacca, ami de Scapin; un caporal et des sbires.

Le lieu de la scène est à Naples.

Donnons une analyse sommaire de cette pièce, où nous nous trouverons, du reste, en pays de connaissance.

ACTE PREMIER

Fulvio et Cintio, tous deux amoureux de l'esclave Celia, se déclarent la guerre. Fulvio invoque l'appui de son valet Scapin, le roi des fourbes; ce dernier fait une première démarche auprès de Celia et de Mezzetin, le maître de Celia; mais Fulvio survient après lui, et dit tout le contraire de ce que le valet vient de dire, de sorte que Mezzetin s'écrie : *Signor, ho inteso il tuono della can-*

zone, ma la musica non fa melodia, j'ai entendu la chanson, mais votre musique n'est point d'accord[1]. » Pour plus de détails, voyez la scène IV du premier acte de l'*Étourdi* de Molière ; l'imitation est des plus fidèles.

Nouveau stratagème de Scapin. Fulvio doit épouser Lavinia, fille de Beltrame, qu'il néglige. Scapin va trouver Beltrame et lui propose, en se disant envoyé par le seigneur Pantalon, d'acheter l'esclave qui est un obstacle à l'union des deux jeunes gens. Beltrame se laisse persuader.

Lavinia, qui aime l'étudiant Cintio, se fâche contre Scapin et l'accuse de trahison. Fulvio survient encore une fois mal à propos, partage la colère de Lavinia, dément Scapin et ne reconnaît son tort que lorsque Scapin lui explique dans quel but il avait conçu ce projet.

ACTE DEUXIÈME

L'étudiant Cintio Fidenzio vient acheter Celia ; il dit à Mezzetin de remettre la jeune fille à la personne qui viendra de sa part et montrera son an-

---

1. C'est exactement l'expression métaphorique qu'emploie Trufaldin à la scène IV du premier acte de l'*Étourdi* :

> Et vous, filous fieffés, ou je me trompe fort,
> Mettez, pour me jouer, vos flûtes mieux d'accord.

neau. Cintio est le fils d'un correspondant de Beltrame, sur qui il a une lettre de crédit. Scapin, qui a entendu les conventions que l'étudiant vient de faire avec Mezzetin, feint d'être brouillé avec Fulvio son maître qui l'a battu ; il entre au service de Cintio, qui l'envoie demander l'argent à Beltrame, et qui lui confie l'anneau à la vue duquel on lui délivrera Celia. Scapin s'empresse d'exécuter ces ordres, mais au profit de son véritable maître. Au moment où il a compté l'argent et où il va emmener Celia, un sbire vient mettre le séquestre sur tout ce que possède Mezzetin, et par conséquent sur l'esclave. L'ordonnance de séquestre a été obtenue par Fulvio, à qui Cintio doit une quinzaine de ducats gagnés au jeu. Voilà encore une fois Scapin déconcerté, et son stratagème à vau-l'eau.

Beltrame fait lever le séquestre à l'instigation de Lavinia, informée de tout par Scapin. Il fait des menaces à Mezzetin pour l'empêcher de vendre l'esclave à Cintio, sur la conduite de qui, en sa qualité de correspondant, il est tenu de veiller.

ACTE TROISIÈME

Cintio s'est déguisé en serrurier pour enlever Celia. Scapin, qui a été averti du projet par son ami Spacca, prend l'avance et vient au lieu de Cintio, en criant : « *O chi conza chiave, chiave!* »

Fulvio a eu vent de l'entreprise de Cintio; il a prévenu Mezzetin, de sorte que celui-ci se moque du faux serrurier. Cintio se présente sous le même travestissement. Pantalon, qui a justement besoin de faire réparer une serrure, arrête au passage Cintio qui est fort embarrassé, d'autant que Mezzetin le poursuit de ses quolibets. Mezzetin, après s'être diverti à ses dépens, restitue à l'étudiant les deux cents ducats qui lui ont été donnés par Scapin, les menaces de Beltrame l'empêchant de conclure le marché.

L'étudiant Cintio commence à se décourager; il a reçu une lettre de son père qui l'invite à demander à Beltrame la main de sa fille; il s'y résoudrait peut-être s'il n'était pas piqué au jeu par la rivalité de Fulvio.

Scapin, cependant, recommence ses machinations. Il envoie Spacca, déguisé en courrier, porter à Mezzetin une prétendue lettre du père de Celia, dans laquelle il annonce au marchand qu'il est sur le point de venir la chercher et le prie de la garder chez lui au moins une semaine. Fulvio, intrigué en reconnaissant sur le dos du courrier une défroque qui lui appartient, fait naître les soupçons de

Mezzetin et empêche de nouveau le succès de la ruse.

ACTE QUATRIÈME

Le capitaine Bellorofonte entre en scène. Fils d'un correspondant de Pantalon, il vient toucher une lettre de change de trois cents ducats et racheter Celia, qu'il se propose d'épouser. Il était fiancé à Laudomia, sœur de Celia ; mais Laudomia a été enlevée par des corsaires; on n'a plus eu de ses nouvelles; le capitaine a résolu d'épouser celle des deux sœurs qu'il a le bonheur de retrouver. Il paye Mezzetin et emmène Celia, qui, aimant Fulvio, n'est pas extrêmement satisfaite de l'aventure et désirerait presque demeurer en esclavage. L'étudiant Cintio, instruit de ce nouvel incident, s'empresse de demander à Beltrame la main de Lavinia.

Scapin ne se décourage pas. Il imagine de se faire passer pour hôtelier, et d'attirer dans sa maison le capitaine, en le flattant et en feignant d'ajouter foi à ses fanfaronnades. Il y réussit. Mais Fulvio, qui arrive aussi opportunément que de coutume, détrompe le capitaine et lui raconte son amour et les trames ourdies par son valet. Le capitaine se hâte de reprendre Celia et de l'emmener.

9.

ACTE CINQUIÈME

Scapin se fait un point d'honneur de triompher des sottises de son maître. Il fait mettre par son complice Spacca une bourse dans la poche du capitaine Bellorofonte. Les sbires arrêtent le capitaine, qui est fouillé; la fureur comique de Bellorofonte se devine aisément : « C'est l'Électeur palatin qui se venge, s'écrie-t-il, parce que je lui ai enlevé ses États ; il me le payera cher! » On était alors, comme on le sait, au milieu de la guerre de Trente ans, et l'Électeur palatin venait, en effet, de perdre ses États.

Fulvio, en le voyant aux mains des sbires, se porte garant du capitaine. Quand il sait qu'il vient encore de ruiner un stratagème de Scapin, il s'en va désespéré, résolu de s'expatrier et de fuir aux extrémités de la terre.

Mezzetin, qui est allé faire de nouvelles acquisitions, passe avec une autre esclave qu'il vient d'acheter. Le capitaine reconnaît sa fiancée Laudomia. Dès lors il consent à céder Celia à Fulvio. Scapin court après celui-ci et le ramène, non sans difficulté, tant il a peur de commettre encore quelque maladresse. Quand le capitaine lui demande s'il aime Celia, Fulvio, sous l'empire de la même crainte, nie son amour; il hésite à toucher la main de Celia qu'on lui donne et tourne toujours les yeux vers Scapin pour s'assurer qu'il n'a point mal fait. Quand toutes les incertitudes disparaisssent : « Enfin! s'écrie-t-il, nous avons vaincu la mauvaise fortune, *in ultimo habbiamo vinta!* » Excellent dénoûment dont Molière n'a point profité, il est difficile de deviner pourquoi.

Cette pièce de l'*Inavertito*, qui est devenu l'*Étourdi ou les Contre-temps*, eut un grand succès que Beltrame constate dans sa dédicace à Madame Christine de France, princesse de Piémont. « Parmi les *soggetti*, les sujets, sortis de mon débile cerveau, dit-il, c'est celui qui a été le plus généralement accepté par les comédiens, le plus applaudi du roi de France, des princes de Savoie et d'Italie et de tout le monde. » Elle continua à servir de canevas pour la comédie improvisée, ainsi qu'on peut s'en assurer, du reste, par une analyse de ce canevas, différent de la pièce en plus d'un point, que Cailhava a publiée[1] et qu'il a donnée à tort pour l'analyse de l'œuvre même de Beltrame.

Ce fut certainement l'*Inavertito* qui créa au personnage de Scapin une sorte de supériorité

---

1. *L'Art de la Comédie*, tome II, page 6.

parmi les rôles de premiers *zanni*, c'est-à-dire de valets intrigants[1].

Quant au caractère de Beltrame, tel il se dessine dans cette pièce, tel il persista jusqu'à la fin du dix-huitième siècle. Tel nous le retrouvons, par exemple, dans les *Opere drammatiche giocose* de Carlo Goldoni. La *Mascherata* (la Partie de masques) nous le montre mari de la coquette Lucrezia et marchand ruiné par les folles dépenses de sa femme. Il est jaloux, par-dessus le marché. Il accompagne tristement Lucrezia dans ses parties de plaisir, refusant de céder la place aux Sigisbés qui entourent la brillante Vénitienne ; payant toutes ses fantaisies, mais incivil et incommode. D'autre part, les créanciers deviennent de plus en plus pressants ; la faillite arrive. Beltrame va se réfugier chez un de ses amis à Rome ; Lucrezia l'implore pour qu'il l'emmène avec lui, en promettant d'être plus sage à l'avenir, et dans la mauvaise comme dans la bonne

---

[1]. Voyez ci-contre Scapin, d'après la planche 8 de l'*Histoire du Théâtre italien* : « Nous avons, dit Riccoboni, une estampe de cet habit dessinée et gravée à Paris par Le Bel, qui était un fameux dessinateur italien de ce temps. » Le costume traditionnel du premier zanni, c'est la veste et le pantalon blancs galonnés sur les coutures avec des lamelles d'étoffe ordinairement vertes, la toque blanche bordée d'un galon vert, le manteau à brandebourgs de même. Le masque est orné de moustaches et de favoris. Il n'est point tel dans Callot, qui l'a représenté vêtu à peu près comme Franca-Trippa et Fritellino.

SCAPIN.

fortune, il ne sait pas résister aux caresses de sa chère moitié.

Nous insistons sur le caractère de ce personnage, parce qu'on en fait généralement un valet intrigant, de la même famille que Scapin, et que nous croyons que Riccoboni s'est trompé et a induit en erreur sur ce point ceux qui s'en sont rapportés à lui.

L'*Inavertito* n'est pas la seule œuvre de Nicolo Barbieri. Mais dans ses autres compositions il fut moins fidèle aux traditions de la comédie de l'art; il céda, à son tour, à la tendance qui emportait le théâtre italien vers les complications extravagantes et les spectacles fantastiques. Outre deux tragi-comédies, *Clotilda* et *l'Oristilla*, nous avons de Barbieri ce qu'il appelle un *opera tragica*, intitulé : *Il principe Eleuriendo di Persia*, et une pièce mystique : *La Luce imporporata, tragedia di santa Lucia*, imprimée à Rome en 1651.

Il éprouva aussi ce vif besoin de réhabiliter sa profession que ressentaient particulièrement en France les comédiens italiens. Il publia dans ce but « *La Supplica*, discours familier de Nicolo Barbieri dit Beltrame, adressée à ceux qui, en écrivant ou en parlant, s'occupent des acteurs pour obscurcir les mérites de leurs actions vertueuses; lecture destinée à ces galants hommes qui ne sont pas critiqueurs de parti pris ni tout à fait sots (1634)[1]. » Il dédiait son ouvrage « à la Très chrétienne Majesté de l'invincible Louis le Juste, roi de France et de Navarre. » Il nous a transmis dans ce livre un grand nombre de renseignements intéressants, dont plusieurs sont utilisés dans l'aperçu historique que nous traçons.

Pendant cette période du gouvernement de Richelieu, notre art comique suivait une marche ascendante continue. Après Hardy étaient venus Théophile, Racan, Mairet et Gombault, puis Rotrou, Des Marets, Scudéry, Pierre Corneille, qui faisait représenter *Mélite* en 1629, le *Menteur* en 1642, l'année même de la mort du cardinal-ministre. Les écoliers devenaient les maîtres. Le génie français dépassait de beaucoup le génie italien ; et celui-ci, réduit à un rôle inférieur, ne fournissait plus, pour ainsi dire, qu'aux menus plaisirs de la cour et de la nation.

[1]. *La Supplica*, discorso famigliare di Nicolo Barbieri detto Beltrame, diretta à quelli che scrivendo o parlando trattano de comici, trascurando i meriti delle azioni virtuose.
Lettura per que' galanthuomini che non sono in tutto critici ne affato balordi.
In Venetia, con licenza de' superiori e privilegio per Marco Ginammi, l'anno 1634.

CHAPITRE X

LA COMMEDIA DELL' ARTE EN FRANCE
PENDANT LA JEUNESSE DE MOLIÈRE.

Après la mort du cardinal de Richelieu et du roi Louis XIII, sous le ministère de Mazarin, les troupes italiennes affluèrent à Paris. Ces troupes étaient à cette époque moitié improvisatrices et moitié chantantes ; elles mêlaient les jeux de la comédie de l'art aux pièces lyriques, aux opéras dont la mode prévalait en Italie. En 1645, il en vint une très-nombreuse et très-remarquable par le talent des artistes qui la composaient. Elle avait Giuseppe Bianchi, le capitan Spezzafer (Tranche-fer) pour directeur, et pour machiniste le fameux Giacomo Torelli dà Fano. Elle s'installa au Petit-Bourbon. Reconstruite en 1614, la salle du Petit-Bourbon était spacieuse et élégante. Richer en a donné une description dans le quatrième tome du

Mercure françois (1615) : « Elle est, dit-il, de dix-huit toises de longueur sur huit de largeur; au haut de laquelle il y a encore un demi-rond de sept toises de profondeur sur huit toises et demie de large, le tout en voûte semée de fleurs de lys. Son pourtour est orné de colonnes avec leurs bases, chapiteaux, architraves, frises et corniches d'ordre dorique, et, entre ces corniches, des arcades et niches. En l'un des bouts de la salle était élevé un grand théâtre de six pieds de hauteur, de huit toises de largeur et d'autant de profondeur; en bas était une grande nuée qui cachait toute la scène, afin que les spectateurs ne vissent rien jusqu'au temps nécessaire. »

Les principaux comédiens faisant partie de la troupe qui vint à Paris en 1645, étaient Tiberio Fiurelli jouant le personnage de *Scaramouche;* Domenico Locatelli jouant le personnage de *Trivelin;* Brigida Bianchi, fille du directeur, première amoureuse sous le nom d'*Aurelia;* Marc Romagnesi, son mari, premier amoureux sous le nom d'*Oratio*. Les chanteuses se nommaient Gabriella Locatelli, Giula Gabrielli, et Margarita Bertolazzi.

Tiberio Fiurelli est un des plus grands noms de la *commedia dell'arte*. Le personnage de *Scaramuccia* (Escarmouche) existait déjà dans la troupe

SCARAMUCCIA.

des *Fedeli;* il y était représenté par un acteur du nom de Goldoni, et il a été dessiné par Callot dans la série des *Petits Danseurs* ou *Balli di Sfessania*[1]. C'est le type de l'aventurier napolitain, vantard et poltron, plus souple, moins convaincu et moins solennel que le capitan espagnol, lascif, ayant sous ce rapport toutes les traditions de la licence fescennine[2]. Son costume est entièrement noir depuis la toque jusqu'aux nœuds des souliers ; d'où la phrase de Molière dans le *Sicilien :* « Le ciel s'est habillé ce soir en Scaramouche. »

Tiberio Fiurelli, qui s'incarna dans ce caractère, était déjà venu en France en 1639 et en 1640 ; il lui arriva à cette époque l'heureuse aventure que voici : « Un jour qu'il était avec Aurelia (Brigida Bianchi) dans la chambre du dauphin qui fut depuis Louis XIV, le prince, qui avait alors deux ans, fut de si mauvaise humeur que rien ne pouvait apaiser sa colère et ses cris. Scaramouche dit à la reine que si elle voulait lui permettre de prendre l'enfant royal dans ses bras, il se flattait

---

1. Voyez ci-contre *Scaramuccia*, tel qu'il a été dessiné par Callot dans les premières années du dix-septième siècle.
2. On se souvient des vers d'Horace :

Fescennina per hunc inventa licencia morem
Versibus alternis opprobria rustica fudit.

de le calmer. La reine l'ayant permis, il fit alors tant de grimaces et des figures si plaisantes, que non-seulement l'enfant cessa de pleurer, mais encore qu'il fut pris d'une hilarité dont les résultats gâtèrent les habits de Scaramouche, ce qui redoubla les éclats de rire de la reine, et de toutes les dames et seigneurs qui étaient dans l'appartement. Depuis ce jour, chaque fois que Scaramouche venait à la cour, il avait ordre de se rendre auprès du dauphin ; il y venait en habit de Scaramouche sur lequel il mettait un manteau, la guitare sous le bras, et escorté de son chien, de son chat, de son singe et de son perroquet. Il paraît qu'il avait accoutumé ces animaux à faire avec lui une sorte de concert. Arrivé en présence de Sa Majesté, il jetait son manteau par terre, et il chantait une chanson bien propre à mettre ses partenaires en émoi. En voici deux couplets :

> Fa la ut a mi modo nel cantar
> Re mi si on non aver lingua a quel la
> Che sol fa profession di farme star,
> Mi re resto in questo
> La berinto, ch' ogni mal discerno
> Che la mi sol fa star in questo inferno.
>
> La mi fa sospirare la notte e il di,
> Re mi rar la non vol el mi-o dolor.

> La fa far ogni canto sol per mi,
> Mi mi sol moro ristoro.
> Non son mai per aver in sin ch' io spiro
> Che la sol fa la-mor, io mi-ro miro.

Nous n'essayons pas de traduire ces bizarres couplets. Scaramouche avait encore, dans le même style, une chanson de l'*Ane :*

> L'asinello innamorato,

et une chanson du *Chat :*

> Il gatto castrato.

Il est certain que ces burlesques sérénades faisaient grand plaisir à Leurs Majestés.

Scaramouche fut mandé à Paris toutes les fois qu'on y appelait une troupe italienne ; et Louis XIV rappelait volontiers à Fiurelli leur première entrevue, et riait beaucoup en le voyant mimer le récit de l'aventure. Il lui accorda jusqu'à la fin de ses jours une faveur spéciale, et dans les infortunes conjugales qui marquèrent la vieillesse du bouffon, le roi intervint par toutes sortes de lettres de cachet et prêta complaisamment au mari offensé les secours de sa souveraine puissance.

Nous ne rapporterons pas les nombreuses anecdotes dont se compose la biographie de Scaramouche. Une *Vie de Scaramouche*, écrite ou du moins signée par Angelo Costantini (Mezzetin), parut en 1695 chez Barbin et fut ensuite popularisée par les éditions de la *Bibliothèque bleue*. Mais elle est dépourvue d'intérêt, d'une véracité plus que suspecte, et a été désavouée et blâmée en termes énergiques par Évariste Gherardi. Nous nous bornerons à citer ce que ce dernier, homme d'esprit en même temps qu'artiste, dit à la scène septième de l'acte II de *Colombine avocat pour et contre*, où il essaye de donner une idée des talents mimiques de Scaramouche :

« Après avoir raccommodé (mis en ordre) tout ce qu'il y a dans la chambre, Scaramouche prend une guitare, s'assied sur un fauteuil, et joue en attendant que son maître arrive. Pasquariel vient tout doucement derrière lui, et par dessus ses épaules bat la mesure ; ce qui épouvante terriblement Scaramouche. En un mot, c'est ici où cet incomparable Scaramouche, qui a été l'ornement du théâtre et le modèle des plus illustres comédiens de son temps qui avaient appris de lui cet art si difficile et si nécessaire aux personnes de leur caractère, de remuer les passions, et de les savoir bien peindre sur le visage (c'est une allusion à Molière); c'est ici, dis-je, où il faisait pâmer de rire pendant un gros quart d'heure dans une scène d'épouvante où il ne proférait pas un seul mot. Il faut convenir aussi que cet excellent acteur possédait à un si haut degré de perfection ce merveilleux talent, qu'il touchait plus de cœurs par les seules simplicités d'une pure nature que n'en touchent d'ordinaire les orateurs les plus habiles par les charmes de la rhétorique la plus persuasive. Ce qui fit dire à un grand prince qui le voyait jouer à Rome : « *Scaramuccia non parla e dice gran cose*, Scaramouche ne parle point, et il dit les plus belles choses du monde. » Et pour lui marquer l'estime qu'il faisait de lui, la comédie étant finie, il le manda et lui fit présent du carrosse à six chevaux dans lequel il l'avait envoyé quérir. Il a toujours été les délices de tous les princes qui l'ont connu, et notre invincible monarque ne s'est jamais lassé de lui faire quelque grâce. »

Fiurelli donna une extension considérable à son emploi : « En Italie, dit Riccoboni, ce personnage n'avait jamais fait d'autre caractère que celui du capitan; mais en France il fut tellement goûté qu'on le mit à toutes sauces [1]. »

---

1. Nous reproduisons la planche 11 de l'*Histoire du Théâtre*

Domenico Locatelli (*Trivelin*) était aussi un artiste très-distingué. Son emploi était celui de premier zanni, équivalant à l'ancien Brighella, à Scapin, ou au Pedrolino des *Gelosi*.

Brigida Bianchi (Aurelia) continuait la tradition des Isabelle, des Lavinia, des actrices spirituelles et lettrées que nous envoyait l'Italie. Elle était venue à Paris en 1639 et 1640, comme nous l'avons vu dans le récit de la scène de Scaramouche et du Dauphin, et elle avait conquis les bonnes grâces de la reine mère. Elle composa et publia à Paris, en 1659, une comédie intitulée : *l'Inganno fortunato overo l'Amata aborita* (« l'Heureuse tromperie ou l'Amante abhorrée, » un titre à l'italienne, s'il en fut jamais). Elle dédia sa *commedia bellissima* à la reine Anne d'Autriche, qui lui fit cadeau, en retour, de pendants d'oreilles en diamants valant bien trois cents pistoles, si nous en croyons Loret.

La pièce la plus remarquable que représenta la troupe de Giuseppe Bianchi, à ce voyage, fut une œuvre demi-comique, demi-lyrique, intitulée : *la*

---

italien représentant Scaramouche-Fiurelli. Son costume est noir, comme celui de ses prédécesseurs. Fiurelli, dont le talent consistait principalement dans les jeux d'une physionomie très-expressive, ne portait point de masque : il se blanchissait le visage et se noircissait les sourcils et les moustaches.

SCARAMOUCHE.

Finta Pazza (la Folle supposée), représentée au Petit-Bourbon, le 14 décembre 1645. Ce sujet de la *Finta Pazza* est un de ceux qui ont été le plus exploités sur la scène italienne : il y a sous ce titre un canevas très-mouvementé de Flaminio Scala, le huitième de son recueil ; et c'est à l'occasion de cette première *Finta Pazza*, que le satirique Boccalini faisait cette critique peu galante : « *Ognuno sà che tutte le donne sono pazze e che non possono fingere d'essere quelle che sono.* Chacun sait que toutes les dames sont folles et que, par conséquent, elles ne peuvent feindre d'être ce qu'elles sont[1]. »

Malgré cette critique, *les Folles supposées* ne laissèrent pas de se multiplier. La pièce qui fut représentée au Petit-Bourbon était due au poëte Giulio Strozzi. A la différence de celle de Scala dont la scène est à Pesaro, elle transportait l'action dans l'antiquité comme le prouve son second titre, *la Finta Pazza o Achille in Sciro* : elle avait, du reste, été antérieurement jouée à Venise, en 1641, sur le *Teatro novissimo della cavalerizza*.

Les intermèdes de danse et de musique, les décors et les machines du célèbre Torelli, firent, à Paris comme à Venise, le principal attrait de la

---

1. *La Segreteria d'Apollo* (1613).

représentation. Dans « l'Explication des décorations du théâtre et les arguments de la pièce[1], » imprimés en guise de livret, on remarque les ballets par lesquels chacun des trois actes se termine; le premier est composé de « quatre ours et quatre singes, lesquels, au son de petits tambours, font une plaisante danse; » le second est composé d'autruches, « lesquelles, s'abaissant à une fontaine pour boire, forment une danse; » le troisième n'est pas moins ingénieux : « Cependant, dit le livret, arrive un Indien, lequel ayant fait la révérence au roi Nicomède, raconte que, parmi les marchandises qu'il conduisait dans son navire, il y avait cinq perroquets dont il lui faisait offre, et les fait apporter dans une cage. En même temps, quatre Indiens font un petit bal à la moresque ; enfin les perroquets s'envolent des mains de leurs maîtres et les laissent désespérés de cette perte ; après quoi s'a-

---

1. « *La Folle supposée (la Finta Pazza)* ouvrage du célèbre Giulio Strozzi, très-illustre poëte italien, qui se doit représenter par la grande troupe royale des comédiens italiens entretenus par Sa Majesté dans le Petit-Bourbon, par le commandement de la Reine mère du roi Très-Chrétien (Louis XIV). Imprimé à Paris en novembre 1645. »

Dans l'extrait du privilége pour l'impression de ce programme, il est marqué : « qu'il est permis au sieur Jacomo Torelli da Fano de faire imprimer en français l'explication des décorations du théâtre, ensemble les arguments de la *Folle supposée*, faits en Italie par ledit sieur Torelli. »

chève la pièce, et s'en vont tous s'embarquer pour la guerre de Troie. »

La *Finta Pazza* obtint un brillant succès, auquel les cantatrices, « la gentille et jolie Gabrielle Locatelli, qui était une vraie lumière de l'harmonie, Giulia Gabrielli et Marguerite Bertolazzi, dont la voix était si ravissante qu'on ne pouvait les louer dignement, » paraissent avoir eu la plus grande part [1].

A l'époque où les Italiens offraient au public ces attrayants spectacles, une jeune troupe d'enfants de famille, la plupart Parisiens de naissance, s'étant associés pour jouer la comédie sous le titre de *l'Illustre Théâtre*, donnèrent, d'abord au Jeu de paume des Métayers, proche la tour de Nesle, puis au Jeu de paume de la Croix-Noire, sur le quai des Ormes, au port Saint-Paul, des représentations

---

1. A la page 6 de l'imprimé, on lit : « Flore sera représentée par la gentille et jolie Louise-Gabrielle Locatelli, dite *Lucile*, qui, avec sa vivacité, fera connaître qu'elle est une vraie lumière de l'harmonie. »

A la page 7 : « Cette scène sera chantée, et Thétis sera représentée par la signora Giulia Gabrielli, nommée *Diane*, laquelle à merveille fera connaître sa colère et son amour. »

Même page : « Le prologue de cette pièce sera exécuté par la très-excellente Marguerite Bertolazzi, dont la voix est si ravissante, que je ne puis la louer assez dignement. »

Une scène est suivie de cette note : « Cette scène sera toute sans musique, mais si bien dite qu'elle fera presque oublier l'harmonie passée. »

beaucoup moins fastueuses. Dans cette troupe s'était engagé le fils d'un tapissier, valet de chambre du roi, Jean-Baptiste Poquelin, qui se fit appeler *Molière*. La jeune troupe, obligée de lutter contre la mise en scène splendide du Petit-Bourbon, et contre les grandes pièces de l'hôtel de Bourgogne, *Rodogune* de Pierre Corneille, *Jodelet ou le Maître-Valet* de Scarron, *la Sœur* de Rotrou, ne faisait pas fortune. Les recettes étaient insuffisantes; le « garçon nommé Molière, » c'est ainsi qu'en parlait alors Tallemant des Réaux, fut, au mois d'août 1645, emprisonné au Châtelet, faute de pouvoir faire honneur aux obligations qu'il avait contractées au nom de la troupe. Mis en liberté sous caution, ayant, à l'aide de ses amis, payé ses dettes, il se résolut de quitter Paris avec ses associés, laissant le champ libre aux troupes qui accaparaient la faveur publique. On pense bien, toutefois, qu'à ce moment où il entrait dans la carrière du théâtre, Molière avait prêté une vive attention aux Italiens, ses trop heureux concurrents.

Si nous en croyons Le Boulanger de Chalussay, l'auteur d'*Élomire hypocondre*, Molière aurait positivement reçu de Scaramouche des leçons de pantomime, et lui aurait dû ses progrès dans l'art du comédien :

. . . . . Par exemple, Élomire
Veut se rendre parfait dans l'art de faire rire ;
Que fait-il, le matois, dans ce hardi dessein ?
Chez le grand Scaramouche il va soir et matin.
Là, le miroir en main et ce grand homme en face,
Il n'est contorsion, posture ni grimace
Que ce grand écolier du plus grand des bouffons
Ne fasse et ne refasse en cent et cent façons :
Tantôt, pour exprimer les soucis d'un ménage,
De mille et mille plis il fronce son visage,
Puis, joignant la pâleur à ces rides qu'il fait,
D'un mari malheureux il est le vrai portrait.
Après, poussant plus loin cette triste figure,
D'un cocu, d'un jaloux, il en fait la peinture ;
Tantôt à pas comptés vous le voyez chercher
Ce qu'on voit par ses yeux, qu'il craint de rencontrer ;
Puis, s'arrêtant tout court, écumant de colère,
Vous diriez qu'il surprend une femme adultère,
Et l'on croit, tant ses yeux peignent bien cet affront,
Qu'il a la rage au cœur et les cornes au front.

La troupe italienne ne fit pas cette fois un long séjour à Paris ; elle partit à la fin de l'année 1647 ou au commencement de 1648. On entrait dans les années de la Fronde. Du 26 août 1648, journée des Barricades, jusqu'au 7 février 1653 où Mazarin rentra à Paris, il n'aurait peut-être pas fait très-bon dans cette ville pour les compatriotes du cardinal-ministre. Mais dès que son autorité fut rétablie, les Italiens ne se firent pas attendre. Loret, dans la *Muse historique*, nous signale l'arrivée

> D'une troupe de gens comiques
> Venant des climats italiques,

qui débuta, le dimanche 10 août 1653, dans la salle du Petit-Bourbon. Les principaux acteurs de cette troupe étaient les mêmes qui étaient venus précédemment : Scaramouche, Trivelin, Aurelia, Horace. Le Pantalon se nommait Turi, de Modène. Ange-Auguste-Constantin Lolli, de Bologne, jouait le personnage du docteur Gratiano Baloardo. Le fils du docteur faisait les seconds amoureux sous le nom de Virginio. La soubrette se nommait Béatrix. Cette troupe avait en outre un acteur jouant les rôles niais, sous le nom de Jean Doucet,

> Franc nigaud, comme chacun sait,

dit le gazetier Loret. Valet de Scaramouche, il faisait pâmer de rire les spectateurs. Ce nom, inventé sans doute pour la scène française, ne resta pas au théâtre, et le souvenir s'en effaça en même temps que disparut l'acteur qui l'avait porté.

Scaramouche reçut toujours le plus favorable accueil du jeune roi et de son ministre. Scaramouche et Jean Doucet eurent tant de succès à la ville et à la cour, que les baladins et figurants, qui représentaient à cette époque les mascarades et les ballets du roi, ne trouvèrent rien de mieux, pour égayer les fêtes du Louvre, que d'imiter les bouffons italiens. Ceux-ci voyaient alors à la tête de la musique royale un de leurs compatriotes, Jean-Baptiste Lulli, qu'on nommait *Baptiste* tout court, lequel était digne de lutter avec eux. Il l'essaya plus d'une fois. Baptiste fit exécuter, le 16 janvier 1657, un ballet auquel le jeune roi prit part, ballet italien-français intitulé *Amor malato*, l'Amour malade. Deux grands médecins, le Temps et le Dépit, et la Raison, prudente garde-malade, sont en consultation au chevet de l'Amour. Le Dépit voudrait lui administrer une bonne dose d'antimoine, qui l'enverrait tout droit *ad patres*, mais les deux autres s'y opposent et décident que le moyen de procurer la guérison du malade, c'est de le distraire par une suite de divertissements et de mascarades récréatives. Ces divertissements et mascarades constituent les *entrées* du ballet.

Dans la cinquième *entrée*, « onze docteurs reçoivent un docteur en ânerie, qui, pour mériter cet honneur, soutient des thèses dédiées à Scaramouche. »

Scaramouche est représenté par Baptiste Lulli.

L'âne-docteur qui subit la thèse est un baladin nommé Lerambert.

Les onze docteurs assistants se nomment Du Moustier, Lambert, Geoffroy, La Barre l'aîné, Donc, Grenerin, Des Airs le cadet, Vagnac, Laleu, Bonnard, Brouard. Ces noms sont de ceux qu'on rencontre le plus fréquemment sur la liste des danseurs et des acteurs employés à la cour à cette époque-là.

Suivant l'usage universitaire, on a fait imprimer un placard qui a été distribué avec le livre du ballet et qui est ainsi conçu :

LES THÈSES DE SCARAMOUCHE

« Al gran Scaramuzza Memeo Squaquera, de civitate Partenopensi, figlio de Tammero e Catammero Cocumero Cetrulo; et de madama Papera Trentova, e parente de messere unze, dunze e trinze e quiriquarinze, e de nacchete, stacchete conta cadece; et de Tabuna, Tabella, Casella, Pagana, Zurfana, Minoffa, Catoffa, e dece Minece, etc.[1].

« Entrant aujourd'hui en lice pour obtenir de cette célèbre université de Françolin la couronne doctorale, et n'ayant autre chose à craindre dans cette entreprise que la risée de mes auditeurs, qui pourrais-je plus à propos choisir pour protecteur que vous qui la savez changer en applaudissements? Car, quoiqu'il semble que votre juridiction ne s'étende pas plus loin que la comédie et que les théâtres, je ne pense pas que les savants s'en puissent affranchir, puisque leur profession, aussi bien que toutes les autres que nous voyons, n'est qu'une comédie, et que toute l'étendue du monde n'est qu'un vaste théâtre où chacun joue son différent rôle. Regardez donc favorablement, ô très-ridicule héros, ce combat scolastique, et, par vos effroyables grimaces, défendez-moi de celles de nos trop critiques savants. Et je m'assure que, si vous m'accordez votre protection, les arguments de tous ces vieux porteurs de calottes et de lunettes ne me feront jamais répondre un seul mot à propos.

---

1. Scaramouche se donnait lui-même ces noms burlesques comme on le voit à la scène VII du 1er acte de *Colombine avocat pour et contre*, pièce représentée en 1685; la plupart de ces noms appartiennent à la tradition de la *commedia dell' arte*.

CONCLUSIONS MORALES.

« Première conclusion :

Il n'est rien de plus dangereux
Que l'étude et que la science,
Et rien ne nous rend plus heureux
Que la paresse et l'ignorance.

« Deuxième conclusion :

Ce que l'on appelle valeur
Est une espèce de folie ;
La vertu véritable est la poltronnerie,
Qui nous fait éviter la mort et la douleur.

« Troisième conclusion :

Tout l'art de raisonner n'est qu'une invention,
Pour nous surprendre avec adresse ;
Mais la véritable sagesse
Consiste en l'obstination.

« Has theses tueri conabitur Asinius Asinionius de Monte Asinario, die Maii ;

« Arbiter erit doctor Gratianus Campanaccius de Budrio ; pro laurea, in aula Francolinensi. »

Après chaque réponse du candidat, les docteurs font entendre le chœur suivant, qui est antérieur de vingt-six ans au *Bene, bene respondere* de la cérémonie du *Malade imaginaire :*

LI DOTTORI.

Oh ! bene, oh ! bene, oh ! bene !
S'incoroni sù sù :
E che potea dir più
Un filosofo di Athene ?
Oh ! bene, oh ! bene, oh ! bene !

Ce que le livret traduit ainsi :

LES DOCTEURS.

Faisons résonner jusqu'aux cieux
Les louanges de sa sagesse.
Et qu'auraient pu dire de mieux
Tous les philosophes de Grèce ?
Faisons résonner jusqu'aux cieux
Les louanges de sa sagesse.

Voici les *vers* insérés dans le livret, « pour Baptiste, compositeur de la musique du ballet, représentant Scaramouche. »

Aux plus savants docteurs je sais faire la loi,
Ma grimace vaut mieux que tout leur préambule;
Scaramouche, en effet, n'est pas si ridicule
Ni si Scaramouche que moi.

Jean Doucet et son frère ont les honneurs de la

neuvième *entrée*. Ils veulent tromper quatre bohémiennes et, comme on le pense bien, ils sont dupes de celles-ci. Jean Doucet et son frère sont représentés par les sieurs Hance et Dolivet. MM. de La Chesnaye et Joyeux, les sieurs Lambert et Geoffroy figurent les bohémiennes. Le Temps fait, à propos du méchant tour que celles-ci jouent aux deux nigauds, la réflexion suivante :

IL TEMPO.

Tra gl' amanti che fan tanto gl' esperti
E stan con gl' occhi aperti
In sentinella ogn' hor contro i sospetti,
Oh quanti Gian Dussetti !

Ce que le livret traduit ainsi :

LE TEMPS.

Parmi ces galants d'importance
Qui sont jaloux jusqu'à l'excès,
Et qui pensent par leur prudence
Prévoir et prévenir de dangereux excès,
Combien est-il de Jeans Doucets ?

Et voici les *vers* « pour Jean Doucet et son frère voulant tromper les bohémiennes » :

Quand un homme fait le brave
Et se croit en sûreté

Près d'une aimable beauté
Qui tâche à le rendre esclave,
Et qu'elle employe à cela
Finement tout ce qu'elle a
De charmes et de jeunesse ;
Il est comme Jean Doucet
Auprès d'une larronnesse
Qui fouille dans son gousset.

Le ballet de l'*Amour malade* avait laissé de si joyeux souvenirs parmi les contemporains, que lorsque huit ans après, fut joué l'*Amour médecin* de Molière, les hommes qui, comme le fameux médecin Guy Patin, ne fréquentaient pas beaucoup le théâtre, prenaient un titre pour l'autre et parlaient de l'*Amour malade*, de Molière, que Paris allait voir en foule.

Pendant ces années qui précédèrent immédiatement le retour de Molière à Paris, les Italiens eurent une grande vogue ; ils étaient les héros comiques du moment ; on leur faisait jouer des scènes burlesques, même à la ville, et hors du théâtre. Loret, dans la *Muse historique*, raconte ou invente, sous la date du 14 février 1654, l'anecdote suivante dont le docteur Lolli et le Pantalon Turi sont les héros :

Baloardo, comédien,
Lequel encor qu'Italien
N'est qu'un auteur mélancolique,
L'autre jour, en place publique,
Vivement attaquer osa
Le Pantalon Bisognoza,
Qui pour repousser l'incartade,
Mit soudain la main à l'espade,
Et se chatouillèrent longtemps
Devant quantité d'assistants;
Qui, croyant leur combat tragique
N'être que fiction comique,
Laissèrent leurs grands coups tirer
Sans nullement les séparer.
Si le conte ou l'histoire n'erre,
Baloardo, tombant par terre,
S'écria : « Dieux ! quelle pitié !
Les François ont peu d'amitié !
Ayant commencé de combattre,
Nous pensions qu'on nous tînt à quatre.
Sans cet espoir, nous n'eussions pas
Pour nous battre fait un seul pas,
Nul de nous n'étant sanguinaire.
On nous a pourtant laissés faire.
Donc, pour m'être un peu trop hâté,
Je suis navré par le côté.
Veramente, questes personnes
Ne sont ni courtoises ni bonnes. »
Tout chagrin, tout pâle et transi,
Baloardo parloit ainsi

> En regardant saigner sa plaie.
> Que l'aventure, ou non, soit vraie,
> En la saison de maintenant,
> Tout est de carême-prenant.

Ce qui est certain, c'est que le Pantalon Turi passait pour querelleur. Plus tard, il tira un coup de pistolet sur un de ses compagnons Ottavio, aventure qui mit fin à sa carrière théâtrale.

Les caractères et les scènes de la comédie italienne étaient alors cités, rappelés communément dans la conversation, comme on a fait depuis des caractères et des scènes de Molière. Le cardinal de Retz, par exemple, s'en sert constamment dans ses Mémoires pour railler les personnages ou faire ressortir le comique des situations. Mazarin n'est, pour le coadjuteur, que *Trivelino principe*, ou même un vulgaire Pantalon. Et, au dénoûment de la Fronde, la veille du jour (21 octobre 1652) où le jeune roi va rentrer dans sa capitale, la duchesse d'Orléans, si l'on en croit Retz, a recours aux mêmes souvenirs du théâtre italien pour caractériser la ridicule attitude du duc d'Orléans.

« Je trouvai Monsieur, dit Retz, dans le cabinet de Madame qui le catéchisait ou plutôt qui l'exhortait ; car il était dans un emportement inconcevable, et l'on eût dit, de la manière dont il parlait, qu'il

était à cheval, armé de toutes pièces, et prêt à couvrir de sang et de carnage les campagnes de Saint-Denis et de Grenelle. Madame était épouvantée, et je vous avoue que, quoique je connusse assez Monsieur pour ne me pas donner avec précipitation des idées si cruelles de ses discours, je ne laissai pas de croire, en effet, qu'il était plus ému qu'à son ordinaire; car il me dit d'abord : « Eh bien, qu'en
« dites-vous? Y a-t-il sûreté à traiter avec la cour?
« — Nulle, Monsieur, lui répondis-je, à moins que
« de s'aider soi-même par de bonnes précautions,
« et Madame sait que je n'ai jamais parlé autre-
« ment à Votre Altesse Royale. — Non assurément,
« reprit Madame. — Mais ne m'aviez-vous pas dit,
« continua Monsieur, que le roi ne viendrait pas
« à Paris sans prendre des mesures avec moi ? —
« Je vous avais dit, Monsieur, lui répondis-je, que
« la reine me l'avait dit; mais que les circonstances
« avec lesquelles elle me l'avait dit m'obligeaient
« à avertir Votre Altesse Royale qu'elle n'y devait
« faire aucun fondement. » Madame reprit la parole : « Il ne vous l'a que trop dit, mais vous ne
« l'avez pas cru. » Monsieur reprit : « Il est vrai ;
« je ne me plains que de cette maudite Espagnole.
« — Il n'est pas temps de se plaindre, reprit Ma-
« dame, il est temps d'agir d'une façon ou de l'au-

« tre. Vous vouliez la paix, quand il ne tenait qu'à
« vous de faire la guerre; vous voulez la guerre,
« quand vous ne pouvez plus faire ni la guerre ni
« la paix. — Je ferai la guerre, reprit Monsieur
« d'un ton guerrier, et plus facilement que jamais.
« Demandez-le à monsieur le cardinal de Retz. »

« Il croyait que je lui allais disputer cette thèse.
Je m'aperçus qu'il le voulait pour pouvoir dire
après, qu'il aurait fait des merveilles, si on ne
l'avait retenu. Je ne lui en donnai pas lieu; car je
lui répondis froidement et sans m'échauffer : « Sans
« doute, Monsieur. — Le peuple n'est-il pas tou-
« jours à moi? reprit le duc. — Oui, lui répondis-
« je. — M. le Prince ne reviendra-t-il pas, si je le
« mande? — Je le crois, Monsieur, lui dis-je. —
« L'armée d'Espagne ne s'avancera-t-elle pas, si je
« le veux? — Toutes les apparences y sont, » lui
répliquai-je. Vous attendez, après cela, ou une
grande résolution, ou du moins une grande délibé-
ration; rien de moins, et je ne saurais mieux vous
expliquer l'issue de cette conférence qu'en vous
suppliant de vous ressouvenir de ce que vous avez
vu quelquefois à la comédie italienne. La comparaison est peu respectueuse, et je ne prendrais pas la
liberté de la faire, si elle était de mon invention : ce
fut Madame elle-même à qui elle vint à l'esprit,

aussitôt que Monsieur fut sorti du cabinet, et elle la fit moitié en riant, moitié en pleurant. « Il me sem-
« ble, dit-elle, que je vois Trivelin qui dit à Sca-
« ramouche : *Que je t'aurais dit de belles choses,*
« *si tu avais eu assez d'esprit pour me contre-*
« *dire !* »

CHAPITRE XI

IL CONVITATO DI PIETRA (LE CONVIÉ DE PIERRE).

L'œuvre la plus importante que joua la nouvelle troupe italienne pendant son séjour en France, fut la fameuse comédie intitulée *Il Convitato di pietra* (le Convié de pierre), qu'elle représenta en 1657. La pièce italienne avait été traduite ou plutôt imitée du drame espagnol, de frà Gabriel Tellez, par Onofrio Giliberti de Solofra. Il n'est pas probable toutefois que cette pièce fut récitée au Petit-Bourbon ; elle dut servir simplement de canevas à ces acteurs qui jouaient d'habitude à l'impromptu. Nous ne possédons pas le scenario primitif, alors que le rôle du valet de Don Juan était rempli par Trivelin. Celui qui nous est parvenu est d'une date un peu plus récente. On verra plus loin comment Dominique Biancolelli, engagé dans la troupe pour l'emploi de second zanni sous le nom d'Arlequin, doubla Trivelin de 1662 à 1671 et joua ensuite les premiers rôles jusqu'en 1688. Le scenario que nous possédons date du temps où Dominique avait déjà succédé à Trivelin dans le personnage du valet de Don Juan. Trois ou quatre imitations françaises s'étaient produites dans l'intervalle et n'avaient pas été certainement sans modifier le canevas italien. Si l'on en voulait tirer des conclusions tendant à revendiquer, soit pour les Français, soit pour les Italiens, la priorité de certains détails, ces conclusions seraient contestables. Mais, quant à l'ensemble de la pièce, nous croyons que le scenario, tracé par Gueulette d'après les notes de l'Arlequin Dominique, nous a conservé assez exactement la physionomie originale du *Convitato di pietra* accommodé aux besoins de la *commedia dell' arte*[1].

« Le drame s'ouvre par un entretien que le roi veut bien accorder au valet de Don Juan : Sa Majesté paraît choquée du libertinage de ce jeune seigneur. « Sire, lui dit Arlequin, il faut avoir un « peu de patience, les garçons changent de con-

---

[1]. Ce canevas a été retracé successivement, avec de nombreuses variantes, par Gueulette, Des Boulmiers, Cailhava, Castil-Blaze (*Molière-musicien*). C'est la leçon de ce dernier que nous reproduisons, après l'avoir toutefois contrôlée avec les autres.

« duite en avançant en âge. Espérons que mon
« maître deviendra sage, raisonnable, en prenant
« des années. » Le roi se contente de cette espérance flatteuse ; et, donnant un autre cours à la conversation, il invite Arlequin à lui conter quelque jolie histoire. Le valet prend un siége, vient s'asseoir familièrement à côté du prince, et lui fait le récit de *la Reine Jeanne*. Un bruit subit interrompt la narration, et l'orateur se sauve. La scène change et représente une rue.

« Couvert d'un manteau noir, tenant en l'air une longue épée espagnole, au bout de laquelle brille une lanterne, Arlequin se présente et dit : « Si tous
« les couteaux n'étaient qu'un couteau, ah ! quel
« couteau ! Si tous les arbres n'étaient qu'un arbre,
« ah ! quel arbre ! Si tous les hommes n'étaient
« qu'un homme, ah ! quel homme ! Si ce grand
« homme prenait ce grand couteau, pour en donner
« un grand coup à ce grand arbre, et qu'il lui fît
« une estafilade, ah ! quelle estafilade ! » Après ce bizarre prélude, qui se rapporte au sujet comme la tabatière de Sganarelle, comme l'éloge du tabac, figurant au début de la pièce de Molière, arrive Don Juan. Arlequin, tremblant de peur, laisse tomber sa lanterne : elle s'éteint. A ce bruit, Don Juan met l'épée à la main ; Arlequin se couche à terre

sur le dos, tient sa flamberge pointe en l'air, de manière que son adversaire la rencontre toujours en ferraillant ; ce jeu de théâtre bien exécuté faisait le plus grand plaisir. Arlequin abandonne enfin son épée, en disant : « Je suis mort. » Don Juan, qui le reconnaît, fâché de l'avoir blessé, lui demande s'il est véritablement défunt. « Si vous « êtes réellement Don Juan, je suis encore en vie; « sinon, je suis bien trépassé, » répond Arlequin.

« Entrent le duc Ottavio et Pantalon, son affidé, qui parlent de leurs affaires. Tandis que le duc et Don Juan font un échange de compliments et de civilités, Arlequin se met à côté de Pantalon, et lui fait une profonde révérence chaque fois qu'il tourne la tête vers lui. Ce jeu se répète plusieurs fois. Pantalon va de l'autre côté pour se dérober à tant de politesses. Arlequin le suit et recommence le lazzi[1]. Son manteau lui sert pour faire l'exercice du drapeau. Revenant ensuite vers Pantalon, il lui donne un coup dans l'estomac, le renverse et tombe par terre avec lui. Ils se relèvent. Arlequin se mouche alors avec le mouchoir de Pantalon, qui le voit et donne des coups de poing à l'impudent valet ; celui-ci les rend avec usure.

1. On se rappelle l'*École des Maris* (acte I, scène v) et les salutations multipliées de Valère et d'Ergaste à Sganarelle.

« Ottavio doit épouser bientôt Dona Anna, sa bien-aimée ; il doit se rendre auprès d'elle pendant la nuit. A cette nouvelle, Don Juan lui propose de troquer leurs manteaux pour aller en bonne fortune ; le duc y consent. Arlequin en fait de même avec Pantalon. Resté seul avec Arlequin, Don Juan lui dit qu'il n'a pris le manteau d'Ottavio que pour tromper plus aisément Dona Anna. Arlequin veut s'opposer à ce dessein, et représente combien le ciel en serait offensé. Don Juan ne lui répond que par un soufflet, et lui fait signe de le suivre. « Allons donc, puisqu'il le faut, » dit le valet résigné.

« Après quelques scènes, Don Juan pose Arlequin en sentinelle à la porte et s'introduit chez le commandeur, père de Dona Anna. Don Juan se sauve l'épée à la main ; le vieux commandeur le poursuit, flamberge au vent. Ils se battent sur la scène, et le vieillard, blessé, expire, après avoir lutté quelque temps contre la mort. Lazzi de frayeur d'Arlequin ; il veut se sauver, tombe sur le commandeur étendu par terre, se relève et s'enfuit. Dona Anna vient demander vengeance au roi. Dix mille écus et la grâce de quatre bandits sont promis à celui qui découvrira le meurtrier.

« Arlequin fait quelques réflexions à ce sujet. Don Juan, qui se défie de lui, met l'épée à la main, et menace de le tuer, s'il s'avise de parler. Arlequin lui jure un secret à toute épreuve. « Mais si « l'on te donnait la question ? — Rien ne saurait « m'ébranler. — C'est ce que nous allons voir. » Alors, prenant le ton du barigel, le maître feint de donner la question à son valet, qui s'empresse de tout avouer. Don Juan, furieux, redouble ses menaces, et veut changer d'habit avec Arlequin pour plus de sûreté. Celui-ci résiste, refuse et s'en va. Son maître le poursuit.

« Persuadé qu'Arlequin connaît le meurtrier du commandeur, Pantalon fait sonner bien haut la récompense promise à celui qui le déclarerait. « Si « j'étais sûr de la récompense, dit Arlequin, je le « nommerais. » Après plusieurs feintes, il persiste à soutenir qu'il ne le connaît point. « Mais, lui « dit Pantalon, suppose que je suis le roi, que je « t'interroge : Bonjour, Arlequin. — Serviteur à « Votre Majesté. — Sais-tu qui est le meurtrier « dont il s'agit ? — Oui, sire. — Nomme-le donc, « et tu auras la somme promise et la grâce de « quatre bons camarades. » Arlequin prend la parole et dit : « C'est.. c'est... c'est Pantalon. — « Au diable le menteur effronté ! — Ne vois-tu « pas que c'est un moyen adroit pour te faire ga- « gner quinze mille francs ? Je vais te dénoncer au

« roi, t'accuser d'avoir tué le commandeur, je re-
« çois les dix mille écus, et nous partageons. »

« Des sbires sont à la poursuite de Don Juan, ils offrent une bourse au valet, pour qu'il leur découvre la retraite où son maître est caché. Arlequin prend la bourse et leur donne de fausses indications.

« Au second acte, on voit une jeune fille, Rosalba, qui pêche sur le bord de la mer. Don Juan arrive à la nage ; Rosalba tend la main au naufragé pour l'aider à sortir de l'eau. Debout dans un baril défoncé, tenant sa lanterne élevée, Arlequin paraît sur les flots, prend terre, fait une culbute, et se trouve sur ses pieds, hors du baril. « Du vin,
« du vin, du vin, assez d'eau comme cela ! » crie-t-il en tordant sa chemise. Il rend grâces à Neptune de l'avoir sauvé. Jetant les yeux sur son maître évanoui dans les bras de la jolie villageoise, il dit :
« Si je retombe dans la mer, je souhaite de me
« sauver sur une barque pareille. » Comme il est entouré de vessies gonflées, il en crève une en se laissant choir sur le... dos. « Bon, dit-il, voici le
« canon qui tire en signe de réjouissance. »

« Rosalba écoute les propos galants du séducteur, qui finit par lui dire : « Si je ne vous donne
« pas la main d'un époux, je veux être tué par un

« homme... un homme qui soit de pierre, n'est-ce
« pas, Arlequin ? » Don Juan s'éloigne avec la
jeune fille ; Arlequin ajoute, en les voyant partir :
« Pauvre malheureuse, que je te plains de croire
« aux promesses de mon maître ! Il est si libertin,
« que, s'il va jamais en enfer, ce qui ne peut lui
« manquer, il tentera de séduire Proserpine. S'il
« était resté plus longtemps dans la mer, il aurait
« conté fleurette aux baleines. »

« — Vous avez promis de m'épouser, dit la pê-
« cheuse en sortant du bois avec Don Juan, je
« compte que vous tiendrez votre parole. — Cela
« ne se peut ; demandez à mon confident : cet hon-
« nête homme vous en dira les raisons. » Il sort ; la
jeune fille se désespère ; et, pour la consoler, Arlequin lui montre la liste de celles qui sont dans la
même position qu'elle. C'est un long rouleau de
parchemin qu'il lance jusqu'au milieu du parterre,
il en retient le bout et dit : « Examinez, messieurs,
« voyez si par hasard vous n'y trouverez pas le
« nom de votre femme, d'une de vos parentes,
« les noms de vos bonnes amies. »

« Rosalba, désolée, voyant que l'archiviste Arlequin inscrit son nom au bas de la liste, se préci-
pite dans la mer.

« Des paysans en habits de noce arrivent en dan-

sant. Un villageois, une villageoise, amoureux l'un de l'autre, font semblant d'être sans cesse en querelle devant leur tante, qui, par esprit de contradiction, consent à les marier. Don Juan et son écuyer se présentent au moment où la fête se prépare ; ils se mêlent à la conversation, à la danse. Don Juan dit au fiancé : « Recevez mon compli-
« ment, seigneur Cornelio. — Mais ce n'est pas
« mon nom. — Il le sera bientôt. » En effet, il enlève l'épousée ; Arlequin le suit et disparaît avec la fille qu'il a choisie.

« Le décor change ; ils aperçoivent le tombeau du commandeur, superbe mausolée. Don Juan lit l'inscription gravée sur le piédestal. Il feint de redouter la foudre dont elle le menace, et fait ensuite de judicieuses réflexions sur la vanité des hommes qui se font composer des épitaphes fastueuses. Arlequin veut lire à son tour et craint d'avoir sa part de la punition. Il fait des remontrances à son maître ; Don Juan feint de se repentir ; il répète une prière que lui souffle son valet, et finit par donner un coup de pied à l'orateur. Il adresse mille injures au commandeur ou plutôt à sa statue placée sur le monument, et il dit à son écuyer d'aller l'inviter à souper Arlequin y va, riant de la folie de son ambassade, et revient saisi d'effroi ; la statue a baissé la tête : elle accepte l'invitation. Don Juan n'en croit rien ; il va la répéter lui-même, et demeure interdit lorsque le commandeur ajoute un *oui* à son inclination de tête.

« Arlequin ouvre le troisième acte par de nouvelles remontrances qu'il adresse à son maître. Le sermon est assez curieux pour être rapporté ici. Le valet bouffon raconte à Don Juan la fable de *l'Ane chargé de sel et l'Ane chargé d'éponges*, et ne manque pas de lui faire l'application de la moralité de l'apologue. Voyant que son maître l'écoute avec assez d'attention, il s'enhardit, et poursuit en ces termes :

« — Je me souviens d'avoir lu dans Homère, en son Traité *pour empêcher que les grenouilles ne s'enrhument*, que, dans Athènes, un père de famille ayant fait l'acquisition d'un cochon de lait, gentil, d'une agréable physionomie, de mœurs douces, dans sa taille bien pris, conçut tant d'amitié pour le petit cochon, qu'au lieu de le mettre en broche, il donna les plus grands soins à son éducation, et le nourrit avec des biscuits et du macaroni. Cet animal, enfant gâté de la maison, d'une figure très-avenante, oubliant tous les bienfaits de son ami, de son protecteur, entra dans le parterre, déracina jonquilles et tulipes, dont il dévora les oignons. Furieux, le jardinier alla se plaindre au maître, lequel, aimant avec une tendresse aveugle son jeune cochon, dit : « Il faut lui « pardonner pour cette fois, il n'a pas encore « assez d'expérience; d'ailleurs, il est si gentil ! »

« Quinze jours après, cet amour de cochon se rua dans la cuisine, renversa marmites et casseroles, mangea ce qu'elles contenaient, et bouleversa tout. Le cuisinier courut en avertir son maître, lequel eut tant d'affection, de faiblesse pour son favori, qu'il défendit de lui faire aucun mal.

« Un mois ne s'était pas écoulé que l'impudent marcassin, abusant des bontés de son seigneur, vint galoper dans la salle à manger, au moment où l'on attendait trente convives, et brisa porcelaines et cristaux, flacons de Madère, de Champagne, de Zara, de Chypre, en escaladant la table, les bahuts et les dressoirs. Quand le maître vit ce désordre nouveau, ce déplorable ravage, sa patience étant poussée à bout, que fit-il? Sur-le-champ il ordonna que le cochon fût tué, que l'on fît des jambons, des saucisses, mortadelles, boudins, petit lard, avec le sang et les débris de l'insolent quadrupède.

« Ce père de famille, continue Arlequin, c'est

Jupiter; ce cochon, c'est vous, mon très-honoré maître; ce jardinier, ce chef de cuisine, ces faïences, cristaux et porcelaines, ce sont les victimes de vos insultes, de vos méfaits. Vous tuez le mari d'une pauvre femme; vous enlevez la fille d'une autre; vous débauchez même des religieuses! Tous en portent leurs plaintes à Jupiter. La première fois il vous pardonne. La seconde fois il veut bien encore être sourd à leurs prières. Mais enfin, vous en ferez tant, que ce dieu, prenant le couteau de son tonnerre, ce couteau formidable, ce maître couteau, fondra sur le cochon bien-aimé, c'est-à-dire sur vous, pour le dépecer, le réduire en saucisses, en côtelettes, que les diables feront griller en enfer, et croqueront à belles dents. »

« Don Juan feint d'être sensible à ces discours. Arlequin, transporté de joie, se jette à ses genoux. Son maître s'agenouille de même pour implorer la clémence de Jupiter. Le valet rend grâces au ciel de cet heureux changement, lorsque Don Juan se lève, et, par un coup de pied adroitement placé, fait sa réponse ordinaire à la harangue du moraliste, et lui donne l'ordre de faire servir à l'instant le souper.

« A peine a-t-on commencé de mettre sur table, que le facétieux Arlequin se hâte d'annoncer qu'un incendie vient d'éclater dans la cuisine. Tout le monde y court ; Arlequin s'assied à table, mange goulument, et se retire à l'arrivée de son maître. La gourmandise lui fait hasarder plusieurs tours d'adresse pour escamoter quelques bons morceaux. Il a recours au lazzi de la mouche qu'il veut tuer sur le visage de Don Juan. Il accroche ensuite une poularde rôtie avec un hameçon, et s'en empare. Un des valets s'en aperçoit et l'enlève de ses mains. Arlequin donne un soufflet à un autre serviteur qu'il croit coupable du tour qu'on vient de lui jouer. Il court au buffet, prend une assiettte, l'essuie à son derrière et la présente à son maître. Afin de le mettre en bonne humeur, il lui parle d'une veuve charmante, dont il est amoureux, et dit qu'il voudrait souper à l'instant pour aller au rendez-vous qu'elle vient de lui donner. Don Juan prend feu là-dessus, et lui permet de s'asseoir à son côté.

« — Allons, canailles, dit Arlequin aux valets, « que l'on m'apporte un couvert ! » Il se lave les mains et les essuie à la nappe. Craignant de ne pas trouver de quoi satisfaire son appétit, il dit à son maître d'aller moins vite en besogne. Son chapeau l'embarrasse, il le met sur la tête de Don Juan, qui le jette au loin, et qui lui fait beaucoup de questions

sur la jeune veuve dont il est fort tenté. Le gourmand, qui ne veut pas perdre un seul coup de dent, répond par monosyllabes, comme le frère Fredon de Rabelais. « De quelle taille est-elle? dit
« Don Juan. — Courte, répond Arlequin. — Com-
« ment s'appelle-t-elle? — Anne. — A-t-elle père
« et mère? — Oui. — Tu dis qu'elle t'aime? — Fort.
« — Quel âge a-t-elle? » Arlequin montre deux fois ses mains pour montrer qu'elle a vingt ans.

« — Et la signora Lisetta? — Je viens de chez
« elle, répond Arlequin, et ne l'ai pas trouvée. —
« Tu mens. — Si cela n'est pas, que ce filet de che-
« vreuil puisse m'étrangler! — Et sa camériste? —
« Elle était sortie aussi. — Ce n'est pas vrai. — Si
« je vous en impose, que ce verre de vin soit pour
« moi du poison! — Arrête et ne jure plus; j'aime
« mieux te croire sur parole. »

Arlequin fait encore une infinité de facéties. Ainsi, il prend la salade, y verse un pot de vinaigre, quatre salières, des flots de moutarde, toute l'huile d'une lampe et la lampe elle-même, et retourne le tout avec sa batte et ses pieds [1].

---

[1]. Il est évident qu'Arlequin n'exécutait pas tous ces lazzi à chaque représentation; il choisissait entre eux, il les variait, il en imaginait d'autres, suivant l'inspiration du moment; le canevas offre comme un recueil de ceux qui lui étaient les plus habituels.

« On frappe à la porte ; un valet y court, revient saisi d'épouvante et culbute Arlequin. Celui-ci prend un poulet rôti d'une main, un chandelier de l'autre, et va voir qui c'est. A son retour il renverse quatre domestiques, tant il est effrayé. Comme il ne peut parler qu'à peine, il dit que l'homme qui a fait ainsi (Arlequin baisse la tête) est là. Don Juan saisit un flambeau sur la table et va le recevoir. Arlequin se cache. En introduisant la statue dans la salle du banquet, Don Juan lui dit :
« Si j'avais pu croire que tu fusses venu sou-
« per, ô convié ! j'aurais dépouillé Séville de pain,
« l'Arcadie de viande, la Sicile de poissons, la
« Phénicie d'oiseaux, Naples de fruits, l'Espagne
« d'or, l'Angleterre d'argent, Babylone de tapis,
« Bologne de soie, la Flandre de pois, et l'Arabie
« de parfums, pour t'offrir une table assez splen-
« dide et digne de ta grandesse ; mais accepte ce
« que je te présente de bon cœur et d'une main
« libérale. »

« Arlequin est forcé de sortir de sa retraite pour chanter et boire à la santé d'une des favorites de Don Juan ; son maître lui fait signe de nommer Dona Anna, fille du commandeur. Arlequin se lève, emplit son verre, obéit, et la statue répond à la courtoisie en inclinant la tête. Arlequin, épouvanté, fait la culbute en arrière, le verre plein à la main.

« Le dernier acte se passe en partie dans le tombeau du commandeur où celui-ci a invité à son tour Don Juan à venir souper. Arlequin, voyant que tout est sombre, dit : « Il faut que la blanchis-« seuse de la maison soit morte; car tout est bien « noir ici. » Une table est servie. La statue fait signe à son convive de s'y asseoir et de faire honneur aux mets qui composent le festin. Don Juan saisit un serpent dans un plat, en disant : « Je « mangerais, quand tu me servirais tous les ser-« pents d'enfer ! » Des chants lugubres et mystérieux se font entendre; la statue se lève, le tonnerre gronde, la terre s'ouvre, la flamme infernale brille, et l'homme de pierre entraîne l'impie dans l'abîme. Arlequin désespéré s'écrie : « Mes gages ! faut-il que j'envoie un huissier chez le diable pour obtenir le payement de mes gages ? » Le roi paraît ensuite; Arlequin se jette à ses pieds, disant : « O prince ! « vous savez que mon maître est à tous les diables, « où, vous autres, grands seigneurs, irez aussi « quelque jour : réfléchissez donc sur ce qui vient « de se passer. »

« Un dernier tableau montrait Don Juan en proie au feu vengeur, exprimant en vers ses tourments et son repentir. N'oubliez pas que tout le reste de la pièce était en prose improvisée. Don Juan tâchait d'apitoyer les démons en leur disant :

> Placatevi d'Averno
> Tormentatori eterni!
> E dite per pietade
> Quando terminaran questi miei guai.
>
> CORO.
>
> Mai!

« Apaisez-vous, questionnaires éternels de l'A-
« verne ! Par pitié, dites-moi quand finiront mes
« tourments. — Jamais ! »

Tel est le singulier travestissement sous lequel apparut d'abord parmi nous le fameux Convié de pierre, qui devait si merveilleusement inspirer le drame, la poésie et la musique. Nous n'avons pas l'intention de renouveler la comparaison que nous avons faite ailleurs entre les formes diverses que revêtit la fameuse légende. Il nous suffit de montrer où elle en arriva sur le théâtre italien, par une conséquence toute naturelle du jeu comique propre à ce théâtre. Les masques ne pouvaient manquer d'y altérer étrangement le caractère poétique et mystique que lui avait conservé le moine espagnol qui la traduisit le premier à la scène. Il n'échappera à personne que l'arlequinade italienne, telle ou à peu près telle que nous venons de la retracer, était pourtant une transition presque nécessaire entre l'œuvre du Frère de la Merci et l'œuvre philosophique et satirique de Molière.

Il Convitato di pietra fut un des grands succès qu'obtint la troupe du Petit-Bourbon. Ce succès fut, du reste, égalé, sinon surpassé, par une pièce à grand spectacle, une prodigieuse féerie intitulée *la Rosaure, impératrice de Constantinople*, et représentée le 20 mars 1658. A lire les récits que font les contemporains des merveilles qui s'y déployaient, on se demande si nous voyons rien de comparable ni d'approchant sur nos théâtres d'aujourd'hui, où pourtant le luxe des décors et de la mise en scène est porté si loin. Mais il faut tenir compte évidemment des exagérations de style qu'on s'est toujours permises dans les descriptions.

CHAPITRE XII

LO IPOCRITO ET LE TARTUFFE.

Don Juan et *le Tartuffe* sont aujourd'hui considérés généralement comme les deux créations, nous ne disons pas les plus parfaites, mais les plus vigoureuses du génie de Molière. Pour l'un et pour l'autre, il est tributaire immédiat du théâtre italien. C'est la *commedia dell' arte* qui lui apporta le premier, qu'elle-même, il est vrai, avait été chercher en Espagne. C'est la comédie régulière qui lui fournit l'ébauche remarquable du second.

Nous avons fait connaître, dans le précédent chapitre, le scenario fantasque du *Convié de pierre*, que Molière, en arrivant à Paris, trouva en possession de la faveur publique. Il s'en empara à son tour, après d'autres écrivains français; et l'on sait avec quelle puissance et quelle hardiesse il transforma un sujet devenu banal. Mettons immédiatement en regard de ce qui eut lieu pour *Don Juan*, ce qui se passa pour *le Tartuffe*, et nous aboutirons, dans le rapprochement qui s'offre à nous, à des résultats non moins curieux et non moins frappants.

C'est, disons-nous, la comédie régulière qui a fourni à Molière l'esquisse du *Tartuffe*. Nous apercevons distinctement, en effet, ce personnage dans la pièce de l'Arétin, intitulée *lo Ipocrito*[1]. Ses traits y sont déjà bien arrêtés, quoique accusés avec moins d'énergie ; le cadre où il se meut est à peu près le même. Une analyse succincte fera ressortir les rapports et les différences qui existent entre les deux œuvres.

Les personnages de la comédie de l'Arétin sont : Liseo, vieillard, chef de famille ; sa femme Maia, ses cinq filles, ses gendres et les amoureux de ses filles, un frère jumeau Brizio, et des valets. Dans cette maison s'introduit un parasite, messer Ipocrito qui y fait, comme on dit, la pluie et le beau temps. Il domine et gouverne le chef de famille Liseo, vieillard à la tête faible, qui ne saurait faire un mouvement sans consulter le saint homme.

---

1. Voyez l'édition de Venise, 1542, in-8.

LISEO, à un serviteur.

Va, dis à messer Ipocrito que je voudrais lui dire quatre paroles.

GUARDABASSO.

Je ne le connais pas.

LISEO.

Celui qui parle si lentement et si gravement.

GUARDABASSO.

Je ne me le rappelle pas.

LISEO.

Qui est toujours au milieu des prêtres et des moines... qui a un manteau étroit, râpé, agrafé par devant.

GUARDABASSO.

Un grand maigre ?

LISEO.

Oui, i, i.

GUARDABASSO.

Qui marche toujours les yeux baissés et qui a toujours un bréviaire sous le bras ?

LISEO.

C'est cela même.

GUARDABASSO.

Où le trouverai-je ?

LISEO.

Dans les églises ou les librairies.

Messer Ipocrito entre en scène en se livrant à part lui à ces réflexions :

Qui ne sait feindre ne sait vivre; la dissimulation est un bouclier qui émousse toutes les armes; c'est une arme qui brise n'importe quel bouclier. Sous des apparences d'humilité, elle change la religion en astuce et se rend maîtresse des biens, de l'honneur et de l'esprit des gens... C'est un beau trait que celui du démon se faisant adorer comme un saint... Ceux qui me nourrissent, je les loue de leurs œuvres pies, de leurs vertus, de leur charité; je les rassure sur leurs débauches, sur leurs usures; rentrant la tête dans les épaules avec un petit ricanement, j'allègue la fragilité de la chair. Qui ne se montre ami des vices devient ennemi des hommes. Mais j'entends quelqu'un. *Neque in ira tua corripias me.*

GUARDABASSO.

Le voici.

IPOCRITO.

A sagitta volante...

LISEO.

Soyez le bienvenu.

IPOCRITO.

La charité soit avec vous!

LISEO.

Que votre bonté me pardonne, dans le cas où j'aurais interrompu vos dévotions!

IPOCRITO.

Être utile au prochain vaut mieux que prier; la charité l'emporte sur le jeûne.

LISEO.

Je suis accablé de soucis.

IPOCRITO.

Dominus providebit.

Liseo le consulte pour l'établissement de ses filles. Ipocrito passe en revue toutes les professions, dont son aigre raillerie n'épargne aucune. Après lui avoir offert une collation, Liseo le fait reconduire par ses valets. Ipocrito se confond en protestations d'humilité.

IPOCRITO.

Ne me faites point pécher par vaine gloire en m'accompagnant.

MALANOTTE.

Nous devons obéir.

IPOCRITO.

Je vous en supplie, par charité.

PERDELGIORNO.

Le patron nous lapiderait.

IPOCRITO.

Je tiens la chose pour faite.

MALANOTTE.

Vous savez quel homme c'est.

IPOCRITO.

Que diront les malveillants en me voyant dans les grandeurs?

PERDELGIORNO.

Ils japperont. Que vous importe?

IPOCRITO.

J'ai un grand nombre d'envieux... C'est bien assez d'avoir complu à sa seigneurie en consentant, par le respect que je lui dois, à goûter les quelques morceaux qu'elle a daigné m'offrir.

MALANOTTE.

Nous nous recommandons aux oraisons du bréviaire de votre révérence. (*Ipocrito s'éloigne.*)

PERDELGIORNO.

Avec quelle hâte il a tourné le coin!

MALANOTTE.

Quel chien mâtin!

PERDELGIORNO.

Ce qui me déplaît, ce sont les œillades qu'il lance à madame.

MALANOTTE.

C'est un misérable.

PERDELGIORNO.

As-tu vu comme il a replié sa serviette aussitôt que le patron lui a dit : nous nous retrouverons ce soir à la noce?

MALANOTTE.

Son abstinence de ce matin nous annonce qu'il engloutira le festin de ce soir.

Tel est le personnage dessiné, avec une verve

mordante, par l'Arétin. Avouons qu'il ressemble assez visiblement à Tartuffe.

Messer Ipocrito, qui entend la charité à sa façon, sert les amours d'Annetta, une des filles de Liseo, et du jeune Zephiro. Il se charge de leurs messages, donne à la jeune fille des conseils pervers, et finit par lui persuader de fuir la maison paternelle. Gemma, la *ruffiana*, en est jalouse : « Il corromprait le printemps ! » s'écrie-t-elle, et elle n'a plus, avec une pareille concurrence, qu'à renoncer au métier. Il va sans dire que, dans ses ambassades les plus scabreuses, Ipocrito conserve toujours le même style :

IPOCRITO.

Je suis un vermisseau quant à la condition, mais un grand démon par la charité.

ZEPHIRO.

Je me fie en vous.

IPOCRITO.

Tout le monde sait le cas que fait de moi Liseo Rocchetti, et vous ne l'ignorez pas.

ZEPHIRO.

Non.

IPOCRITO.

Ses filles sont donc les miennes, du moins par la charité, et Annetta...

ZEPHIRO.

Eh ! bien ?

IPOCRITO.

Poussée par cet amour qui enflamme le courage des lions, et non par celui qui habite d'ordinaire au cœur des jeunes vierges... Enfin, par charité, j'ai dû en prendre compassion.

ZEPHIRO.

O père !

IPOCRITO.

Et pour empêcher qu'elle ne se détruise, j'ai été réduit à vous apporter ceci de sa part... (*Il lui remet une lettre.*)

ZEPHIRO.

Heureux Zephiro !... Cet anneau que je vous prie d'accepter vous témoignera pour le moment l'obligation que je vous ai...

IPOCRITO.

La charité ne se doit pas refuser.

Et quand il est sorti, Zephiro fait à part lui cette réflexion : « Avec quelle adresse les gens comme Ipocrito savent s'insinuer dans les secrets des femmes ! »

Comme on le voit, Ipocrito reçoit de bonne grâce les présents qu'on lui fait de toutes parts; comme Tartuffe, il a soin d'ajouter : « Je vous remercie pour le bon exemple que vous donnez. Votre générosité profitera aux malheureux ! »

A part lui, il a des réflexions moins édifiantes, celle-ci, par exemple : « Je fais, comme un médecin, des expériences sur toute sorte de complexions. Je m'exerce à connaître le cœur féminin; et, puisque je réussis si aisément en tout ce que j'entreprends, je m'élèverai à des entreprises plus hautes, sauf à alléguer pour excuse que *septies in die cadit justus*. »

La fuite d'Annette et d'autres disgrâces accablent le vieux Liseo.

LISEO.

Elle devrait avoir honte...

GUARDABASSO.

Qui ?

LISEO.

La Fortune.

GUARDABASSO.

De quoi ?

LISEO.

D'en venir aux prises avec un vieillard de soixante ans.

Heureusement, voici messer Ipocrito qui vient à son secours. Il lui donne des leçons de philosophie fataliste et pyrrhonienne : la fortune persécute ceux qui sont sensibles à ses coups; elle laisse en paix ceux qui s'en moquent. Il faut donc se faire un jeu de tout ce qui vous arrive. Liseo, qui a une confiance absolue en messer Ipocrito, adopte ce parti. De ce moment, il ne fait plus que rire à toutes les mauvaises nouvelles qu'on lui annonce, et ne dit plus que des folies.

LISEO.

Je ris du rire qui me fait rire.

GUARDABASSO.

Si vous persévérez dans un tel genre de vie, vous ferez retourner le temps en arrière et vous reviendrez bientôt à l'âge de dix ans.

LISEO.

Quelque sot se désespérerait.

GUARDABASSO.

De quoi ?

LISEO.

De ces filles fugitives.

GUARDABASSO.

N'y pensez plus.

LISEO.

Qu'ils y pensent ceux qui les ont prises !

GUARDABASSO.

Ils les adorent.

LISEO.

Elles sont donc devenues des saintes ?

GUARDABASSO.

Au moins à leurs yeux.

LISEO.

Elles qui, au logis, étaient des diablesses.

GUARDABASSO.

Bast! l'honnêteté, voyez-vous, n'est qu'une mijaurée.

LISEO.

Qu'est-ce que l'honnêteté? Quelle est sa forme? Et quel emploi tient-elle à la cour?

GUARDABASSO.

Aucun.

LISEO.

Donc elle n'existe pas : si elle existait, elle serait ménagère, maîtresse de maison, secrétaire, femme de chambre, écuyère, dame de compagnie, favorite.

GUARDABASSO.

Sans aucun doute.

LISEO.

L'utilité est aussi quelque chose du même genre. Ces deux carognes-là font le malheur de ce monde avec les devoirs, les inquiétudes, les constipations qu'elles y introduisent, au lieu de le laisser aller comme il veut.

GUARDABASSO.

Décidément, vous me rendrez docteur avec vos beaux raisonnements.

LISEO.

Ah! voici Ipocrito.

GUARDABASSO.

Quelle mine de patriarche confite dans le vinaigre!

Les divagations du vieux Liseo font songer à un autre père malheureux, au roi Lear. Mais demeurons à notre point de vue particulier.

De fait, le sort que le vieillard brave si ridiculement, lui redevient favorable. Les choses tournent mieux qu'on ne pouvait le prévoir. Ses filles trouvent des époux dans leurs amants, et Brizio, le frère avec qui il craignait d'être obligé de partager ses biens, se trouve être très-riche et sans famille. Donc peu à peu tout s'arrange. Messer Ipocrito contribue à débrouiller les affaires. Il y met une certaine complaisance, sans se laisser oublier, bien entendu.

BRIZIO.

Que j'ai hâte d'embrasser mon frère !

IPOCRITO.

Grande est la force du sang.

BRIZIO.

Mon cœur s'élance au-devant de lui !

IPOCRITO.

Mais l'avarice est infâme.

BRIZIO, à Tanfuro son valet.

A qui en veut-il ? il s'adresse ces paroles à lui-même, je suppose.

IPOCRITO.

Qui donne là où besoin est acquiert une légitime louange.

TANFURO.

Il me semble que c'est à vous qu'il fait allusion.

IPOCRITO.

Faire largesse à qui le mérite profite à soi-même.

TANFURO.

Qui a des oreilles entende !

IPOCRITO.

La libéralité est comme la substance de la vertu du magnanime.

TANFURO.

Messer, ne craignez pas que le patron soit ingrat envers vous. (*A Brizio.*) Allons, il faut lui payer son entremise.

BRIZIO.

Faites-vous un habit avec ceci.

IPOCRITO.

La charité est la charité.

BRIZIO.

Je veux que vous ayez vos dépenses chez moi.

IPOCRITO.

Récompenser les fatigues d'autrui est le propre des gens de bien. Honorer ceux qui sont dignes, c'est à cela que se reconnaît la vraie noblesse.

TANFURO.

Vous êtes savant, très-savant.

IPOCRITO.

Au contraire, ignorant, très-ignorant.

Tout en ne dédaignant pas les avantages que son

intervention peut lui procurer, Ipocrito ne laisse pas de servir efficacement cette famille. Il conduit à bien toutes choses, tellement qu'un des gendres de Liseo, dans son enthousiasme, va jusqu'à s'écrier : « Que celui qui n'est ni roi ni fou se fasse hypocrite, et il sera plus que ne sont les rois ni les fous ! »

Bref, tout le monde est content, sauf qu'Ipocrito ne parvient pas à faire sortir de la tête du vieux Liseo la philosophie éphectique dont il l'a « enivré. »

Les analogies et les dissemblances entre l'œuvre de l'Arétin et l'œuvre de Molière sont très-sensibles. Le personnage principal de la comédie de *lo Ipocrito* a de commun avec Tartuffe non-seulement l'hypocrisie, mais encore la gourmandise et la sensualité. Il emploie les mêmes moyens pour conquérir son prestige et son influence : simagrées pieuses, humilité feinte, jargon de la dévotion. Il est placé dans un milieu pareil, au sein de la famille, où il exerce une autorité dangereuse. Une égale débilité d'esprit caractérise les deux chefs de maison, et les valets de Liseo n'ont pas l'œil moins clairvoyant ni la parole moins impertinente que la servante Dorine.

D'autre part, quelle distance entre la conception

de l'Arétin et celle de Molière ! Dans l'Arétin, Ipocrito ne joue son jeu que pour soutenir son parasitisme. Il indique bien qu'il pourra faire pis ; en attendant il se contente de peu. Il finit, chose étrange, par avoir le beau rôle ; il pacifie la maison troublée. Il est vrai qu'on doit trembler pour la famille où cet intrus a pris un tel empire ; mais rien ne donne encore à prévoir ces éventualités funestes.

Dans la comédie de Molière, combien l'idée grandit ! Nous voyons Tartuffe, qui lui aussi a établi sa base d'opérations au foyer domestique, faire de sa puissance un emploi formidable. Il aspire à épouser la fille de la maison, il chasse le fils, il cherche à séduire la femme ; il dépouillerait son protecteur lui-même, si un *deus ex machina* ne déjouait ses noirs desseins. Molière n'a point, comme l'Arétin, une sorte d'indulgence pour son hypocrite ; il lui impute forfait sur forfait, il le dénonce hautement à l'animadversion publique, il soulève contre lui autant de haine et de terreur que le théâtre en saurait faire naître. L'Arétin reste plutôt dans la comédie pure, et La Bruyère lui aurait peut-être accordé la préférence. Molière touche au drame, et produit un effet immense qui traverse les siècles sans s'amoindrir. Personne ne se souvient de *lo Ipocrito*, et nous sommes des premiers, peut-être, à faire un parallèle que les deux œuvres appelaient si naturellement.

Revenons maintenant à la *commedia dell' arte*, et voyons ce qu'elle fut à côté de Molière pendant la période la plus éclatante de la comédie française.

CHAPITRE XIII

RETOUR DE MOLIÈRE A PARIS.

A la fin de l'année où l'on représenta *la Rosaure*, une troupe de campagne, ayant obtenu le patronage de Monsieur, frère du roi, fit un premier début devant la cour (24 octobre 1658), à la suite duquel elle eut permission de jouer alternativement avec les Italiens sur le théâtre du Petit-Bourbon. Cette troupe de campagne, c'était, sauf quelques changements survenus dans son personnel, la troupe de l'*Illustre Théâtre*, qui avait quitté Paris une douzaine d'années auparavant; mais elle ne portait plus ce nom ambitieux. Molière, qui avait alors trente-six ans, et qui était devenu un maître à son tour, en était le directeur. Il paya aux Italiens quinze cents livres pour sa contribution aux dépenses faites par eux dans la salle, et donna ses représentations les jours où ils ne jouaient pas, c'est-à-dire les lundi, mercredi, jeudi et samedi de chaque semaine.

Le 3 novembre, les nouveaux venus commencèrent à représenter en public. Les deux troupes qui occupaient la même scène ne différaient notablement que par le langage.

Molière, de retour à Paris, rapportait dans son bagage deux grandes pièces déjà jouées en province : *l'Étourdi ou les Contre-temps* et *le Dépit amoureux*, et quelques Farces par lesquelles on avait coutume de terminer le spectacle, et dont l'une, *le Docteur amoureux*, valut principalement à la nouvelle troupe, dans l'importante représentation du 24 octobre, la faveur du roi et de la cour. Où le poëte comique avait-il cueilli cette première moisson? Il faut le reconnaître : c'étaient là des imitations, et l'on pourrait presque dire des traductions libres du théâtre italien.

L'Étourdi, on le sait déjà, c'était *l'Inavertito* de Beltrame, que nous avons analysé précédemment. Ce que Molière avait ajouté à *l'Inavertito*, il l'avait puisé d'autre part dans *l'Emilia*, de Luigi Groto, ou dans *l'Angelica*, de Fabritio di Fornaris. Il lui restait en propre l'art avec lequel il avait su fondre ces éléments divers, en conservant la verve la plus franche, le trait le plus net et le style le plus vif qu'on eût jusqu'alors admirés sur la scène française.

Qu'était-ce encore que *le Dépit amoureux ?* une pièce italienne, *l'Interesse* de Nicolo Secchi. Toute la partie romanesque du *Dépit amoureux* est imitée de *l'Interesse*, et dans cette partie la pièce italienne l'emporte souvent sur la pièce française au moins par la gaieté. Nous devons essayer ici de faire connaître *l'Interesse*, non-seulement parce que c'est une des œuvres imitées de plus près par Molière, mais aussi parce qu'elle offre un type assez remarquable de la comédie italienne[1].

Les personnages sont :

Pandolfo, père de Lelio et de Virginia. — (Pantalon dans la comédie improvisée.)

Ricciardo, père de Fabio. — (Rôle équivalent à celui de Zanobio ou de Cassandro.)

Tebaldo, homme de confiance de Pandolfo.

Hermogène, pédagogue de Lelio.

Flaminio, amant de Virginia.

Fabio, amant de Virginia.

---

1. Nous avons sous les yeux l'édition de Venise, *Appresso Fabio e Agostino Zoppini fratelli*, 1587. La première édition de *l'Interesse* est de 1581, mais la pièce a été composée vers le milieu du seizième siècle.

Lelio, fille en habit d'homme, crue garçon et amante de Fabio.

Achille, ami de Flaminio.

Virginia, amante de Flaminio.

Lisette, ruffiana.

Testa,
Brusco, } valets de Flaminio.

Zucca, valet de Fabio. — (Rôle d'Arlequin.)

ACTE PREMIER

SCÈNE I.

Pandolfo, seul.

Pandolfo entre sur la scène inquiet et rêveur. Des remords le tourmentent. Il maudit l'avarice qui l'a aveuglé. Il ne peut vivre plus longtemps dans une telle inquiétude et veut aller trouver Ricciardo pour lui rendre ce qui lui appartient. Auparavant, il parlera à Tebaldo, son homme de confiance, et, suivant son conseil, il prendra un parti.

SCÈNE II.

Tebaldo et Pandolfo.

Tebaldo vient à ses ordres. Pandolfo, après avoir rappelé la confiance qu'il a en lui et le bien qu'il lui a fait, l'ayant, de simple valet qu'il était, intéressé dans son négoce, lui dit qu'il va lui faire confidence d'une affaire très-importante, dont il lui recommande le secret. Pendant que Tebaldo était à Lyon où il demeura quelque temps pour les affaires de leur commerce, un jour étant, lui Pandolfo, en partie de plaisir avec Ricciardo son ami, ils vinrent sur le propos de sa femme qui était grosse. Ricciardo soutenait qu'elle accoucherait d'une fille. Il soutint qu'il aurait un garçon. Ils firent une gageure de deux mille écus. Sa femme accoucha d'une fille. Par cupidité, il publia qu'il lui était né un garçon. La nourrice, qui était seule dans le secret, mourut peu après; et jusqu'à présent Lelio, qui est la fille en question, passe pour un garçon. Celle-ci, qui avance en âge, lui fait craindre quelque inconvénient. Il pense donc à déclarer la chose, et voudrait que Ricciardo se contentât de recevoir ses deux mille écus. Il voudrait que Tebaldo s'entremît à cet effet.

.Tebaldo n'approuve pas la proposition. Ricciardo ne se contentera certainement pas de recevoir les deux mille écus qu'il a donnés, il voudra les deux autres mille qu'il a gagnés et les intérêts des quatre mille écus pendant quatorze ans. Son avis est qu'il faut mieux se taire encore pendant quelque temps et observer. Il sera toujours à propos de faire la démarche proposée ; quant à lui, il interrogera et surveillera Lelio.

SCÈNE III.

Fabio, Zucca.

Fabio raconte à Zucca que lorsque, la veille, il avait dit à Flaminio que Virginia était sa femme, celui-ci voulait l'appeler en duel. Il lui avait offert, avant d'en venir là, de lui faire voir la vérité, soit en l'accompagnant lui-même, soit en disant à deux amis de l'accompagner, quand il irait au rendez-vous habituel. Fabio est persuadé qu'après l'accueil dont Achille et Testa ont été témoins et qu'ils auront rapporté à Flaminio, Flaminio ne doutera plus de ce qu'il lui a dit la veille.

Zucca, qui est un poltron, dit à son maître qu'il lui arrivera malheur d'aller ainsi toutes les nuits chez Virginia. Fabio se moque de ses avis. La prudence de Virginia le rassure ; elle joue très-bien son rôle : le jour elle fait semblant de ne point le connaître ; la nuit elle use de toute sorte de précautions pour le faire entrer chez elle, et, pour qu'on ne les découvre point, n'allume point de lumière. Il donne des ordres à Zucca et sort.

SCÈNE IV.

Zucca seul.

Zucca fait un long monologue que Molière a imité au commencement du cinquième acte du *Dépit amoureux*. Les réflexions de Zucca ne remplissent pas moins de quatre pages de texte, et sont très-impertinentes pour le sexe féminin.

SCÈNE V.

Tebaldo, Lelio.

Tebaldo dit à Lelio que, maintenant qu'il a reçu la confidence du secret paternel, en se rappelant les changements qu'il a remarqués en elle depuis quelque temps, il est convaincu qu'elle aime. Lelio l'assure que toute son inquiétude ne vient que de la nécessité de se voir obligée à soutenir ce déguisement. Tebaldo n'en croit rien.

SCÈNE VI.

Fabio, les précédents.

Fabio, en passant, salue et embrasse Lelio, en lui disant qu'il ne peut rester avec lui. Il s'en va. A peine Fabio est-il parti, que Tebaldo dit à Lelio qu'il est sûr de son fait et qu'elle aime Fabio. Lelio veut le nier, mais à la fin elle avoue. Elle raconte alors comment, ayant observé que Fabio était amoureux de sa sœur Virginia, elle l'a trompé en se faisant passer pour celle-ci ; comment elle l'a épousé secrètement, et comment elle est enceinte. Après cette confession elle pleure et se plaint. Tebaldo, qui a été de surprise en surprise, la console et promet de ne pas la trahir et de l'aider au contraire, autant qu'il sera en son pouvoir.

SCÈNE VII.

Tebaldo seul.

Il rêve à ce qu'il doit faire. Il se résout à différer encore de tout révéler à Pandolfo qui pourrait mourir d'effroi et de chagrin.

ACTE DEUXIÈME.

SCÈNE I.

Le Pédant, Lelio.

Le pédagogue Hermogène donne une leçon à son élève ; c'est une suite d'équivoques très-licencieuses. Il est impossible de faire de la grammaire un pire usage.

SCÈNE II.

Achille, Testa.

Ils parlent de ce qu'ils ont vu la nuit, lorsque Virginia introduisit chez elle Fabio et Zucca. Ils blâment Flaminio de vouloir aimer toujours Virginia, et, le voyant venir, ils se proposent de le détourner d'une passion qui ne lui fait pas d'honneur.

SCÈNE III.

Flaminio, Achille, Testa.

Flaminio se fait répéter encore ce qu'ils ont vu la nuit. Lorsque tous les deux l'ont assuré que Virginia est venue ouvrir la porte à Fabio qui est entré et qui est resté trois heures avec elle et en est sorti après, conduit par elle-même, Flaminio leur dit qu'ils en ont menti tous les deux, qu'il a passé la nuit tout entière en conversation avec Virginia, qui est venue lui parler à la fenêtre grillée à côté de la grande porte de la maison; qu'elle ne l'a pas quitté un moment, toujours déclamant contre Fabio qui la déshonore si indignement. Achille et Testa se fâchent; le premier sort de la scène, irrité contre son ami qui l'accuse d'imposture; et Flaminio chasse son valet qu'il ne veut plus voir.

SCÈNE IV.

Flaminio seul.

Il se détermine à se rencontrer avec Fabio l'épée à la main.

SCÈNE V.

Flaminio, Zucca.

Flaminio, voyant venir le valet de Fabio, lui demande comment vont les amours de son maître. Zucca, après quelques détours, confesse toute l'affaire. Flaminio l'appelle fourbe et calomniateur. Zucca, qui a peur, lui demande pardon et avoue qu'il vient de mentir. Ramené par les questions de Flaminio, il fait le détail de tout ce qui se passe entre son maître et Virginia, puis il est battu. On reconnaît la scène IV du premier acte du *Dépit amoureux* et les contradictions du malheureux Mascarille.

ACTE TROISIÈME.

SCÈNE I.

Flaminio, Lisette; Brusco, autre valet de Flaminio.

Lisette dit à Flaminio qu'il peut être sûr que Virginia n'aime que lui, et qu'elle n'est nullement enceinte, comme l'a prétendu Zucca (*tanto è Virginia gravida,* dit-elle, *quanto io son vergine*). Elle sollicite la générosité de Flaminio ; celui-ci lui remet une chaîne qu'il lui rachètera prochainement. Ces sollicitations ont bien quelque rapport éloigné avec les tentatives malicieuses de Marinette ayant cherché Éraste et ne l'ayant trouvé

Au temple, au cours, chez lui, ni dans la grande place ;

mais la scène est beaucoup moins délicate, beaucoup plus brutale ; ce qui se comprend, du reste, Lisette étant désignée non comme une soubrette, mais comme une *ruffiana*.

SCÈNE II.

Lelio, Fabio.

Scène de *concetti*, où Lelio peint son amour à Fabio en feignant de connaître une dame qui l'aime tendrement.

SCÈNE III.

Tebaldo, Lelio, Zucca.

Lelio, dont l'état empire sensiblement, se désole (*le zucche non crescono ne gli horti*, dit-elle, *tanto quanto à me il ventre*). Tebaldo l'engage à porter une trousse plus large, et il lui serre la ceinture. Zucca survient et plaisante messer Tebaldo de ce qu'il est devenu tailleur et de ce qu'il prend la mesure des vêtements. Craignant d'avoir éveillé les soupçons du valet, Tebaldo lui dit qu'il faisait comprendre à Lelio en quelle triste position se trouvait sa sœur Virginia, et il adresse les plus violents reproches et les plus terribles menaces à Zucca, qui cherche vainement à s'excuser d'être pour rien dans ce malheur, et qui ne sait plus, comme on dit, à quel saint se vouer.

SCÈNE IV.

Zucca et Testa.

Les deux valets se plaignent de servir des maîtres extravagants. Ils maudissent les femmes à qui mieux mieux : le galimatias de Gros-Réné ne contient que des douceurs auprès des satires que font ceux-ci.

SCÈNE V.

Ricciardo, Zucca.

Ricciardo entre en parlant des affaires de son commerce. Zucca, menacé de tous côtés, se détermine à lui confier tout ce qui se passe. Il lui dit que son fils Fabio court risque de se faire tuer ; que Lelio le cherche partout avec des spadassins. Ricciardo s'épouvante; il demande ce que Fabio a fait. Zucca révèle que Fabio a, il y a six à sept mois, épousé clandestinement Virginia, la sœur de Lelio, et que le frère veut s'en venger. Ricciardo ordonne à Zucca de chercher Fabio et de le lui amener.

SCÈNE VI.

Le pédagogue Hermogène, Lelio.

Le même genre de plaisanteries continue entre ces deux personnages. Le pédant se plaint à son écolier qu'il abandonne l'étude et ne profite plus. « Vous avez grand tort de vous plaindre, répond Lelio, car le fruit que vous verrez prochainement naître de moi vous montrera que je n'ai pas perdu le temps, ainsi que vous le dites. »

ACTE QUATRIÈME

SCÈNE I.

Lisette, Flaminio, Brusco.

Lisette vient de la part de Virginia prier Flaminio de ne souffrir pas qu'on aille ainsi lui ravissant l'honneur, et l'engager toutefois à ne point exposer ses jours, tant elle tremblerait si elle le savait en péril. Nouvelles sollicitations de la *ruffiana* à la libéralité de Flaminio ; nouvelles récriminations de Brusco contre l'avidité insatiable de ces sortes de créatures. — Flaminio ne l'écoute point et s'en va, ne songeant qu'à se venger de son rival. Le valet le suit.

SCÈNE II.

Pandolfo, Ricciardo.

Pandolfo entre le premier, en disant que Ricciardo lui a fait dire qu'il veut lui parler. Il tremble que celui-ci n'ait découvert la supercherie dont il a été victime. Ricciardo arrive, lui parle avec douceur. Ici a lieu la grande scène reproduite au troisième acte du *Dépit amoureux*, où Albert et Polidore, par suite d'un double quiproquo, se demandent réciproquement pardon. Ricciardo finit par déclarer le fait, craignant que Pandolfo ne joue l'ignorant par ruse. Il le prie de ne point maltraiter Fabio son fils, ni Virginia, qui se sont mariés sans le consentement paternel ; il la recevra pour sa bru avec la dot que Pandolfo jugera à propos de lui donner. Pandolfo se rassure et dit à Ricciardo qu'il veut auparavant parler à sa fille pour savoir d'elle la vérité, et que dans une heure il lui rendra réponse. Ricciardo fait des réflexions sur les faiblesses des pères pour leurs enfants.

SCÈNE III.

Fabio, Zucca.

Fabio reproche à son valet la facilité avec laquelle celui-ci a fait des révélations. Le valet s'excuse par la peur que Tebaldo et Lelio lui ont faite. Fabio se félicite de l'indulgence de son père qui ne l'a point grondé, et lui a ordonné seulement de ne point s'exposer, vu l'incertitude où sont encore les choses. Il a peur seulement que Virginia, ou par honte ou par colère, ne nie la vérité. Zucca répond qu'il y a trop de témoins pour que cela soit possible. Ils voient venir Pandolfo et Virginia et se tiennent à l'écart.

SCÈNE IV.

Pandolfo, Virginia.

Pandolfo, étant convaincu par sa fille que tout ce que Ricciardo lui a dit est une imposture, lui ordonne de se préparer à le soutenir en face du père et du fils, s'il en est besoin. Virginia dit à Pandolfo qu'il n'a qu'à l'appeler quand il sera temps, et elle rentre dans la maison.

SCÈNE V.

Pandolfo, Fabio, Zucca.

Pandolfo est tout en colère de la calomnie de Fabio; il l'apercoit, il lui reproche son impudence. Fabio et Zucca affirment ce qu'ils ont dit. Pandolfo appelle sa fille.

SCÈNE VI.

Virginia, les précédents.

Virginia reproche à Fabio les bruits insultants qu'il répand contre elle. Fabio et Zucca font tous leurs efforts pour lui faire avouer son mariage et sa grossesse. Virginia les appelle des scélérats et des monstres, et se défend avec une énergie excessive. Elle n'a rien de la dignité et de la noblesse avec laquelle se justifie la *Lucile* de Molière[1]; mais dans la pièce italienne, le comique de la situation est poussé beaucoup plus loin et jusqu'à l'extrême. Après avoir échangé avec ses accusateurs les dernières vivacités, Virginia rentre chez elle. Pandolfo menace le maître et le valet, et va chercher des armes. Fabio reproche à Zucca d'être, par son indiscrétion, la cause du malheur qui lui arrive.

---

1. Acte III, scène IX du *Dépit amoureux*.

ACTE CINQUIÈME.

SCÈNE I.
Lelio, Tebaldo.

Lelio remercie Tebaldo de la bonne nouvelle qu'il lui donne et lui demande le détail de la conversation qu'il a eue avec Ricciardo. Tebaldo lui dit qu'après bien des discours sur la prétendue intelligence existant entre Fabio et Virginia, il lui a proposé d'accommoder l'affaire et de faire épouser à Fabio une autre fille que Virginia, qui apportera six mille écus de dot ; que le père de la mariée lui fera présent de deux mille écus, sans parler d'un opulent héritage que ce père laissera plus tard à ses enfants. Ricciardo ne pouvait croire ce qu'il lui disait. Alors Tebaldo l'a prié de pardonner au seigneur Pandolfo, si celui-ci lui a fait jadis quelque tort. Après avoir reçu sa parole sur ce point, il lui a tout expliqué. Ricciardo en a pensé mourir de rire et s'est montré joyeux de l'aventure. Tebaldo se charge de faire consentir Pandolfo à ce qu'il a proposé.

SCÈNE II.
Ricciardo seul.

Ricciardo entre en se frottant les mains, au souvenir de l'histoire du feint Lelio. Il dit qu'il est charmé d'avoir cette fille dans sa maison, parce qu'étant élevée comme un garçon et sachant le commerce, elle lui rendra de grands services. Il voit venir son fils ; il se retire à l'écart, ne voulant pas encore le détromper.

SCÈNE III.

Fabio, Zucca, Testa, tous armés.

Les deux valets font de grandes difficultés d'accompagner Fabio, dans la crainte de quelque embuscade de Pandolfo et de ceux de sa maison. Fabio dit qu'il veut se présenter à tout hasard, et que, s'ils ont peur, ils n'ont qu'à s'en retourner sur leurs pas.

SCÈNE IV.

Ricciardo, les précédents.

Ricciardo les arrête et demande à son fils pourquoi il est si bien armé. Fabio lui répond qu'il ne fait que se conformer à ses avis, qu'il prend des précautions contre les ennemis qui le menacent. Ricciardo l'approuve, disant qu'il a en effet un adversaire bien redoutable. Fabio demande de qui il veut parler. Ricciardo répond que c'est de Lelio. Fabio se moque de cet adolescent imberbe. Le père vante la bravoure de ce Lelio et fait une description de sa manière de combattre, qui est d'un bout à l'autre une équivoque licencieuse. Une grande gaieté se répand sur toute cette fin de pièce. Fabio en est fort surpris, et s'étonne de voir son père rire ainsi au moment où il lui annonce un combat qu'il lui peint si terrible. Ricciardo répond qu'il attend Tebaldo, et que, dès que celui-ci sera venu, Fabio aura le mot de l'énigme.

SCÈNE V.

Flaminio, Tebaldo, Testa, les précédents.

Ils viennent tous en riant et en complimentant Tebaldo de l'heureuse issue qu'il a donnée à l'événement. Flaminio, à qui Testa a raconté le duel à outrance dont il est question, entre joyeusement dans la plaisanterie. Fabio est furieux de voir rire tout le monde, sans qu'il puisse en deviner le sujet. Ricciardo demande si Pandolfo est content de ce qui a été convenu ; Tebaldo lui dit qu'il est très-satisfait, et qu'il les prie tous de se rendre chez lui. Fabio demande si on lui donnera Virginia pour femme. On lui répond qu'il aura celle qu'il a épousée. Fabio s'apaise sur cette promesse. Tous entrent au logis de Pantalon.

Un acteur vient dire aux spectateurs que tous les personnages sont heureux; que Fabio, en voyant *madonna Lelia* dans son costume féminin, en a été charmé; que Flaminio épouse Virginia, et que l'on va célébrer les deux noces. Il ne les invite point au repas, à cause de la parcimonie trop connue des Florentins (*questi diavoli di Firentini sono più scarsi che le donne vedove*), et les engage à s'en retourner chez eux après avoir applaudi la comédie.

L'Interesse, par la complication de l'intrigue et par le caractère des personnages, formait un excellent canevas pour la *commedia dell' arte*. On n'attendit pas sans doute pour l'employer à cet usage que Louis Riccoboni en eût tracé le scenario. Ce ne fut qu'au dix-huitième siècle que ce comédien fit un extrait de la pièce de Nicolo Secchi dans ce dessein, et la fit représenter plusieurs fois sur le théâtre de l'Hôtel de Bourgogne, sous le titre de *la Creduta maschio* (la Fille crue garçon), avec un nouveau dénoûment que son auteur raconte ainsi : « Lelio, sous le nom de sa sœur Virginia, écrit un billet à Fabio, en lui demandant pardon de n'avoir point avoué devant son père la secrète intelligence qui existe entre eux, et lui donne à l'ordinaire un rendez-vous dans sa chambre pour la soirée prochaine. Fabio fait confidence de ce billet à son père Ricciardo, et celui-ci à Pandolfo. Les deux vieillards se cachent dans une chambre voisine de celle où est assigné le rendez-vous. Lelio, en habit de femme, reçoit Fabio sans lumière. Tout à coup une lampe est apportée par Tebaldo suivi de Pandolfo et de Ricciardo. Lelio se couvre le visage de son mouchoir et de ses mains. Pandolfo, qui connaît les habits de sa fille, est convaincu que c'est Virginia elle-même; il appelle son fils, pour lui faire partager sa colère. Mais c'est Virginia qui lui répond et qui se présente. Fabio, Pandolfo, Ricciardo sont interdits. Pandolfo veut savoir qui est la femme qui est entrée chez lui et la force à se découvrir le visage. La surprise des autres ne fait qu'augmenter, tandis que Pandolfo, consterné, comprend enfin tout ce qui s'est passé. Tebaldo vient à son aide et découvre à Ricciardo et à Fabio que Lelio est une fille et que c'est elle, et non Virginia, que ce dernier a épousée. Après quelques récriminations de Ricciardo, tout s'arrange à l'amiable. »

Quoique Riccoboni nous apprenne que ce dénoûment fut trouvé plus piquant et mieux amené que celui de *l'Interesse* et du *Dépit amoureux*, il ne faut point, à l'exemple de Cailhava, reprocher à Molière de ne s'en être point servi, puisque ce nouveau dénoûment ne fut imaginé que bien longtemps après la mort de Molière.

Voilà donc pour les deux grandes pièces qui comptent dans l'œuvre de Molière. De ces deux premières œuvres, ce qui semble échapper à toute revendication précise, ce sont les scènes qui justifient le titre de la seconde, les scènes de la querelle et de la réconciliation d'Éraste et de Lucile, de Gros-Réné et de Marinette. Ces scènes ne se trouvent ni dans la comédie de Nicolo Secchi, ni autre part. C'est là ce qui appartenait en propre à Molière, et c'est beaucoup, puisque c'est ce qu'il y a de plus vivant et pour ainsi dire de plus immortel.

En ce qui concerne les Farces que Molière avait composées pour sa troupe, et qu'il rapportait de province, la part qui devait revenir à l'Italie dans ces ébauches n'était guère, selon toute apparence, moins considérable que celle qui lui revenait dans les grandes pièces. Des deux qui nous ont été conservées, *le Médecin Volant* et *la Jalousie du Barbouillé*, la première est incontestablement la reproduction assez fidèle d'un canevas de la *commedia dell' arte* intitulé *il Medico volante*. Un des ennemis du poëte comique, Saumaise, allait bientôt lui reprocher cette imitation comme « une singerie dont il était seul capable[1], » et bientôt aussi, en 1661, Boursault s'empara du même sujet en disant simplement : « Le sujet est italien : il a été traduit dans notre langue, représenté de tous côtés. » *La Jalousie du Barbouillé* a une autre origine. De celles de ces Farces qui ne nous sont point parvenues, plus d'une, sans doute, avait son point de départ dans la comédie de l'art : ainsi, ce *Docteur amoureux*, dont Boileau regrettait la perte, était certainement de la grande famille des pédants dont la savante Bologne fut la cité natale.

Il y a autre chose à remarquer dans ces petites pièces dont Molière, suivant ses propres expressions, régalait les provinces, et auxquelles il ne renonça pas en s'établissant à Paris. Ce n'était pas seulement le sujet qui était le plus souvent emprunté à l'Italie, c'était aussi la méthode, le jeu scénique. Une certaine part y était laissée à l'improvisation. Depuis longtemps, les acteurs français, du moins les acteurs comiques, s'efforçaient de suivre, sur ce terrain difficile pour eux, les artistes italiens. Il n'est pas douteux que les célèbres bouffons de l'Hôtel de Bourgogne, Gros-Guillaume, Turlupin, Gautier-Garguille, etc., ne s'abandon-

---

1. Préface des *Véritables Précieuses*, 1660.

nassent à leur verve facétieuse, sans s'astreindre à réciter leurs rôles. Cela ressort des scènes qu'ils jouaient, à preuve celle qui est rapportée par Sauval :

« Gros-Guillaume habillé en femme tâchait d'attendrir son mari Turlupin qui, armé d'un sabre de bois, voulait à toute force lui trancher la tête. Madame se jetait aux pieds du farouche époux, prodiguait les supplications éplorées et les plus tendres harangues. Peine perdue : Turlupin était inflexible. La scène durait une heure entière, avec toute sorte de mouvements pathétiques et des redoublements de menaces.

« — Vous êtes une masque, disait le mari ; je n'ai point de comptes à vous rendre. Il faut que je vous tue.

« — Eh ! mon cher époux, je vous en conjure par cette soupe aux choux que je vous fis manger hier et que vous trouvâtes si bonne ! »

A ces mots Turlupin se sentait vaincu et, abaissant son sabre : « — Ah ! la carogne, soupirait-il, elle m'a pris par mon faible. La graisse m'en fige encore sur le cœur. »

Ces parades, analogues à celles des tréteaux du Pont-Neuf, supposaient évidemment plus ou moins d'impromptu. Quand ce groupe de bouffons fameux disparut, la Farce française expira avec eux sur les planches de plus en plus littéraires de l'Hôtel de Bourgogne. Geoffrin-Jodelet conserva seul les traditions de la Farce française : « Il n'y a de Farce qu'au théâtre du Marais, disait Tallemant des Réaux, et c'est à cause de lui qu'il y en a. » Aussi se trouva-t-il capable, avec un artiste formé dans la troupe de Molière, Duparc-Gros-René, de tenir tête aux Italiens sur leur propre terrain. Au mois de mai 1659, nous voyons ces deux Français s'unir à Scaramouche, Gratian, Trivelin, Horace, Aurelia, dans un divertissement donné par le cardinal Mazarin au château de Vincennes. « Ils jouèrent tous ensemble sur un sujet qu'ils concertèrent, » raconte Loret, c'est à-dire dans les conditions habituelles de la comédie impromptu.

La troupe de Molière, qui avait fait son apprentissage dans les provinces du Midi les plus fréquemment visitées par les comédiens d'au delà des monts, où les populations avaient aussi pour l'improvisation un goût vif et naturel, était demeurée fidèle à ces libres divertissements dont les Italiens avaient, à Paris, le privilège presque exclusif. Elle en profita ; elle conserva l'habitude de jouer, après la grande pièce, surtout quand celle-ci était une tragédie, un petit acte drôlatique où les acteurs pouvaient prendre leurs ébats. Elle avait de la sorte l'avantage de ne point renvoyer ses spectateurs sur une impression triste : ceux-ci appréciaient fort cette attention, car quelques francs éclats de rire étaient une bonne préparation au repas qui les attendait au sortir du théâtre, la comédie se terminant alors vers sept heures du soir.

Molière déployait une verve endiablée dans ces jeux, qui, de son propre aveu, contribuèrent singulièrement à sa fortune. Sa réputation fut assez grande, sous ce rapport, pour qu'une tradition, dont les échos, il est vrai, n'ont été recueillis que très-tard, lui attribuât des scènes tout italiennes, par exemple, l'anecdote de la *Lettre improvisée*, qui se rapporte à l'époque où Molière résidait à Pézenas et fréquentait, dit-on, la boutique du perruquier Gély. Il s'agit d'une jeune fille qui a reçu une lettre de son amant, lequel est à l'armée; elle ne sait pas lire et voudrait qu'on lui lût cette lettre. Molière consent volontiers à lui rendre ce service. Mais au lieu de lire ce qu'écrit l'amoureux, il invente une épître de sa façon. Le soldat aurait assisté à une bataille, s'y serait vaillamment comporté et aurait reçu une grave blessure. La jeune fille fait entendre des exclamations douloureuses. Molière continue et lit que le milicien, bien traité à l'hôpital, est maintenant en pleine convalescence. Les traits de la jeune fille s'éclairent de joie. Le lecteur poursuit : telle est la gloire que le héros s'est acquise qu'il a reçu la visite des plus riches personnages et des plus belles dames de la ville; une d'elles s'est éprise d'un violent amour pour lui et veut l'épouser. La jeune fille, à cette nouvelle, recommence ses gémissements. Molière reprend et calme la douleur qu'il a fait naître en faisant attester au brave milicien son inaltérable fidélité, et en lui faisant annoncer qu'il presse de tous ses vœux le jour de leur mariage. La fillette est charmée, et quand d'autres lecteurs, plus sincères, essayent de lire la lettre à leur tour, elle la leur arrache dès les premières lignes en disant qu'ils ne savent pas lire aussi bien que le monsieur de chez Gély.

Si l'anecdote était authentique, nous craindrions bien que, dans cette circonstance, Molière n'eût encore été qu'imitateur : ces fausses lettres, faisant succéder rapidement les impressions de chagrin et de joie, fournissaient un trop excellent prétexte à la pantomime, pour n'avoir pas été exploitées par les artistes italiens. Voyez, parmi les canevas de Dominique, *li due Arlecchini* (les deux Arlequins), et la lettre du cousin de Bergame : « Votre père est mort,... il vous laisse cinquante écus,... etc., etc. »

Quoi qu'on doive leur accorder de crédit, il y a toujours quelque chose de significatif dans l'existence seule de pareils récits. Ils confirment, dans une certaine mesure, ce qu'on sait de la faculté d'improvisation que possédait Molière et du plaisir qu'il prenait à l'exercer. Il ne cessa de s'y livrer, alors même qu'il fut dans toute sa renommée. On lit, par exemple, sur le registre de La Grange à la date de 1665 : « Le vendredi, 12 juin, la troupe est allée à Versailles, par ordre du roi, où l'on a joué *le Favori* (tragi-comédie de madame de Villedieu) dans le jardin, sur un théâtre tout garni d'orangers. M. de Molière fit un prologue en *marquis ridicule* qui voulait être sur le théâtre, malgré les gardes, et eut une conversation risible avec une actrice, qui fit *la marquise ridicule*, placée au milieu de l'assemblée. »

Ainsi, non-seulement les deux troupes qui se partagèrent la salle du Petit-Bourbon, à l'époque où Molière revint s'installer à Paris, avaient dans leur répertoire les mêmes œuvres, mais encore la méthode artistique des uns était fréquemment employée par les autres. Molière se serait même identifié tellement avec ses modèles, si l'on en croit Villiers, qu'il aurait commencé par jouer le rôle de

Mascarille sous le masque, comme Scapin ou Trivelin. « Il contrefaisait d'abord les marquis avec le masque de Mascarille, dit un des interlocuteurs de la *Vengeance des Marquis*[1]; il n'osait les jouer autrement, mais à la fin il nous a fait voir qu'il avait le visage assez plaisant pour représenter sans masque un personnage ridicule. » Il faut entendre ces mots en ce sens que Molière, la première fois qu'il contrefit les marquis, dans les *Précieuses ridicules*, eut recours au travestissement de Mascarille, le valet de l'*Étourdi* et du *Dépit amoureux*, rôles qu'il aurait joués avec le masque, suivant l'étymologie du nom (*maschera, mascarilla*). On ne connaît pas d'autre témoignage de cette particularité remarquable, et celui de Villiers n'a point, sans doute, une autorité indiscutable; mais il ne laisse pas d'être très-formel. Quoi qu'il en soit, si Molière adopta momentanément le masque des *zanni* italiens, il y renonça vite; il allait rompre bientôt ces liens trop étroits.

Au mois de juillet 1659, la troupe italienne s'en retourna en son pays, laissant Molière maître de la salle du Petit-Bourbon. Les Français prirent alors

---

1. *La Vengeance des Marquis*, de Villiers, acteur de l'Hôtel de Bourgogne, dirigée contre Molière en réponse à l'*Impromptu de Versailles* et représentée en 1663.

les jours *ordinaires*, c'est-à-dire le dimanche, le mardi et le vendredi, qui étaient plus favorables à la représentation [1]. Voyons ce que Molière fit représenter après le départ des Italiens : il importe d'insister sur ces débuts qui nous montrent le génie de Molière prenant en quelque sorte son essor.

Peu après le départ des Italiens, le 18 novembre, les Français représentèrent au Petit-Bourbon *les Précieuses ridicules*. Les Italiens avaient, paraît-il, effleuré ce sujet : « Molière, dit l'auteur des *Nouvelles nouvelles*, eut recours aux Italiens ses bons amis, et accommoda au théâtre français les *Précieuses* qui avaient été jouées sur le leur et qui leur avaient été données par un abbé des plus galants (l'abbé de Pure). » Malgré cette affirmation, il nous paraît fort peu vraisemblable que les Italiens eussent pu faire la satire du ridicule que la pièce

---

[1]. Chapuzeau nous explique pourquoi l'on donnait la préférence aux jours *ordinaires* : « Ces jours ont été choisis avec prudence, dit-il, le lundi étant le grand ordinaire pour l'Allemagne et pour l'Italie, et pour toutes les provinces du royaume qui sont sur la route ; le mercredi et le samedi, jours de marché et d'affaires où le bourgeois est plus occupé qu'en d'autres, et le jeudi étant comme consacré en bien des lieux pour un jour de promenade, surtout aux académies et aux colléges. La première représentation d'une pièce nouvelle se donne toujours le vendredi, pour préparer l'assemblée à se rendre plus grande pour le dimanche suivant par les éloges que lui donnent l'annonce et l'affiche. (*Le Théâtre français*, 1674, in-12, p. 90.)

nouvelle attaquait et qui gît principalement dans le langage. Les Italiens avaient pu caricaturer certaines façons minaudières, quelques singularités de costume, mais non le style de Madelon ou de Cathos. Molière a donc cette fois la véritable initiative, il aborde la critique des mœurs contemporaines, il y exerce son propre esprit d'observation, il est lui-même et doit fort peu aux autres. Il n'en faut d'autre preuve que la profonde sensation que fit la petite pièce, et l'originalité saisissante et hardie que le public lui reconnut.

Il fut peut-être un peu plus redevable à ses devanciers pour l'œuvre qui suivit : *Sganarelle ou le Cocu imaginaire*, joué le 28 mai 1660. On cite ordinairement comme ayant fourni la trame de cette pièce un canevas italien, intitulé : *il Ritratto ovvero Arlecchino cornuto per opinione*. C'est bien possible, mais ce canevas, tel que Cailhava l'a traduit, est certainement d'une date plus récente que la comédie de Molière : cela se reconnaît aux seuls noms des personnages. Comment décider en pareil cas jusqu'à quel point il a été imitateur ou bien il a été lui-même imité ? Admettons qu'il existait, avant Molière, quelque imbroglio fondé sur l'équivoque du portrait : il n'est guère douteux que cette intrigue ne provienne de la source ordinaire des quiproquos et des méprises comiques, c'est-à-dire de la *commedia dell' arte*. En revanche, rien n'est plus français que l'esprit qui anime d'un bout à l'autre le dialogue ; on y trouve le tour naïf et des réminiscences nombreuses de nos conteurs du seizième siècle. Par le ton de la raillerie, *Sganarelle* est incontestablement de notre veine gauloise; ainsi les deux écoles y sont merveilleusement réunies et conciliées.

Molière cesse désormais d'être Mascarille et devient Sganarelle; il adopte un type moins déterminé, plus mobile; Mascarille est toujours valet, Sganarelle est placé tour à tour en différentes conditions, tantôt valet ou paysan, tantôt mari, père ou tuteur; il ressemble, sous ce rapport, aux derniers venus de la comédie de l'art, à Beltrame, à Truffaldin. D'où venait ce type de Sganarelle? Molière l'avait déjà employé dans la petite Farce du *Médecin volant;* c'était peut-être là qu'il l'avait trouvé : Sganarelle existait peut-être dans l'ancien canevas d'*il Medico volante*, au temps où Molière l'avait vu joüer dans le midi de la France, et avant qu'Arlequin, ayant la vogue à Paris, se fût emparé de ce rôle et de tant d'autres. Ce qui semble évident, c'est que Sganarelle sort, comme Scapin et comme plus tard Sbrigani, de la féconde lignée du

LE VRAY PORTRAIT DE M. DE MOLIÈRE EN HABIT DE SGANARELLE.

Lombard Brighella. La Bibliothèque impériale possède une curieuse estampe représentant « le vray portrait de M. de Molière en habit de Sganarelle [1], » estampe signée *Simonin* et qui, selon toute apparence, a été dessinée *de visu*. A en juger par cette image, le costume de Molière offrait une analogie frappante avec celui des premiers *zanni* : il a notamment la veste et le pantalon galonnés sur les coutures avec des lamelles d'étoffe, telles qu'on les voit sur l'habit du Scapin des *Fedeli;* on croirait distinguer aussi une certaine similitude du geste, de l'attitude et du jeu comique. Est-ce dans le *Médecin volant* qu'on nous le montre ainsi? Est-ce dans le *Cocu imaginaire?* Dans cette dernière pièce, l'inventaire après décès lui fait porter « des hauts-de-chausses, pourpoint et manteau, col et souliers, le tout de satin cramoisi. »

Ce qui est certain, c'est que Molière diversifia ensuite le costume autant que le caractère du rôle : il devait faire paraître encore Sganarelle dans cinq

---

1. Nous reproduisons ce portrait, qui représente Molière adressant au public le compliment d'usage à la fin du spectacle. On trouvera sans doute que la physionomie qu'il donne à Molière a peu de ressemblance avec celle que lui prête la tradition et que le buste de Houdon a consacrée. Mais elle causera moins de surprise, si on la compare aux images les plus authentiques qui nous restent, par exemple, au portrait gravé, d'après Pierre Mignard, par J.-B. Nolin, en 1685.

comédies, à savoir : *l'École des Maris, le Mariage forcé, le Festin de Pierre, l'Amour médecin* et *le Médecin malgré lui*; nous le montrer successivement tuteur d'Isabelle, futur époux de Dorimène, valet de Don Juan, père de Lucinde, fagotier. Il appropria à chaque fois l'habit du personnage au rôle qu'il lui donnait; l'inventaire après décès l'atteste également. Mais de même que, dans toutes ces diverses situations, Sganarelle conserve quelque trait de son caractère et de sa physionomie, il est probable qu'il gardait toujours dans son costume quelque chose qui rappelait le type originel, tant la tradition avait de puissance dans ce domaine où l'on serait tenté de croire que la fantaisie était souveraine absolue.

Molière est placé, à nos yeux, tellement au-dessus de toute cette foule de masques oubliés, que c'est presque une profanation que de l'y mêler lors même qu'on veut seulement marquer son point de départ. Mais pour les contemporains, la distance qui le séparait des autres ne paraissait pas aussi grande qu'elle nous le paraît, à nous; témoin ce curieux tableau que possède le Théâtre-Français et qui porte pour inscription, écrite en lettres d'or : *Farceurs Français et Italiens, depuis soixante ans. Peint en* 1671. On y voit Dominique sous son costume d'Arlequin, Brighella, Scaramouche, le Docteur, Pantalon, etc., associés aux types français : Turlupin, Gros-Guillaume, Gautier-Garguille, Guillot-Gorju, Jodelet, Gros-René et *Molière*, qu'on se scandaliserait volontiers de nos jours de voir en cette compagnie.

Pour en revenir à Sganarelle, ce personnage sert de transition entre les types presque invariables de la *commedia dell' arte* et les créations plus libres auxquelles Molière ne tardera pas de s'élever. Continuons à suivre ses premiers pas dans la route où il marche rapidement.

Après avoir eu recours à la comédie de l'art, au moins pour la trame du *Cocu imaginaire*, Molière demande à la comédie soutenue une pièce du genre dit héroïque, *Don Garcie de Navarre*, par laquelle, forcé de quitter le Petit-Bourbon, il inaugura, le 4 février 1661, la salle du Palais-Royal. *Don Garcie de Navarre* est presque une traduction littérale de l'italien. La pièce italienne intitulée *le Gelosie fortunate del prencipe Rodrigo* (les Heureuses jalousies du prince Rodrigue) est du poëte florentin Giacinto-Andrea Cicognini ; celui-ci aurait lui-même, pour cette pièce comme pour la plupart de ses nombreux ouvrages, suivi un original espagnol. *Don Garcia de Navarra*, que nous ne con-

15.

naissons pas, et auquel Molière, du reste, n'aurait recouru que pour le nom du principal personnage, car toute sa comédie est dans la comédie italienne.

Il est difficile, si l'on n'a pas l'œuvre de Cicognini sous les yeux, de se rendre compte de la transformation que Molière lui a fait subir. La pièce italienne, qui est en prose, est pleine des bizarreries les plus choquantes; Molière l'a ramenée aux convenances, à la noblesse et à la dignité même du genre mixte où il s'essayait. La pièce italienne est passionnée : les sentiments des personnages y ont toute leur énergie et tout leur abandon; les emportements de Rodrigue sont de véritables fureurs; ses retours sont sans réserve : aux injures brutales succèdent d'amoureuses litanies où se déroule tout ce que la langue italienne possède d'expressions de tendresse :

— *O mio bene!*
— *O mio cuore!*
— *Ti ricevo, mia vita!*
— *Ti ritrovo, ô mio tesoro!*
— *Sposa!*
— *Marito!*
— *Lasciamo quest' ombre.*
— *Guidami dove ti aggrada.*

— *Tanto dominio mi dai?*
— *Amor cosi comanda*[1].

Molière a refroidi ces élans : son œuvre révèle sans doute un art plus sérieux. Mais l'œuvre originale est peut-être plus vive et plus attachante. La même phrase sert de conclusion aux deux œuvres; voyez pourtant quel contraste :

> Et, pour tout dire enfin, jaloux ou non jaloux,
> Mon roi, sans me gêner, peut me donner à vous,

dit Done Elvire, et Don Garcie s'écrie :

> Ciel, dans l'excès des biens que cet aveu m'octroie,
> Rends capable mon cœur de supporter sa joie...!

Combien il y a plus de mollesse et de grâce dans l'italien !

— *La gelosia è figlia d'amore. O geloso, ò non geloso, sarà Rodrigo l'anima mia.*
— *Oh! mie delitie!*
— *Oh! mio adorato!*[2]

---

[1] « — O mon bien ! — O mon cœur ! — Je te recouvre, ma vie ! — Je te retrouve, ô mon trésor ! — Femme ! — Mari ! — Laissons ces ténèbres. — Mène-moi où il te plaît. — Tu me donnes un tel pouvoir ? — Amour le commande ainsi. »

[2] « — La jalousie est fille de l'amour. Ou jaloux, ou non jaloux, Rodrigue sera mon âme. — O mes délices ! — O mon adoré ! » La pièce de Cicognini finit brusquement sur ces mots.

Le ton des deux œuvres ressort parfaitement dans ce double finale.

Molière en a terminé, heureusement, avec ces imitations de pièces entières ; *Don Garcie de Navarre* était la dernière expérience de cette sorte qu'il dût faire. L'*Ecole des Maris* fut représentée le 24 juin 1661 ; elle marque une nouvelle époque dans la carrière du grand comique, celle où il est en pleine possession de son génie : désormais il fera encore plus d'un emprunt à la comédie italienne, il lui empruntera une situation, une scène, quelque moyen d'action ; il ne reproduira plus une œuvre dans son ensemble. Nous ne nous attacherons pas à signaler, dans les créations nouvelles qui vont dès lors se succéder, tous les éléments qui sont de provenance italienne ; ce n'est que dans une édition des œuvres du poëte qu'il y a lieu de noter cela par le détail. Mais il convenait de reconnaître la part considérable que l'art antérieur de l'Italie occupe dans les commencements de sa carrière, pour montrer combien cet art avait contribué à son éducation dramatique. Nous allons maintenant poursuivre l'histoire des artistes étrangers, ses contemporains et ses émules.

CHAPITRE XIV

LA COMMEDIA DELL' ARTE AU TEMPS DE MOLIÈRE

A PARTIR DE 1662.

Les Italiens revinrent à Paris en 1662, et cette fois s'y établirent d'une manière permanente. Ils obtinrent d'alterner de nouveau avec la troupe de Molière; ils prirent à leur tour les jours *extraordinaires*, et, sur l'ordre du roi, ils restituèrent aux Français les quinze cents livres qu'ils avaient reçues de ceux-ci en 1658, contribuant ainsi pour leur part aux frais d'établissement de la salle du Palais-Royal. La troupe italienne comprenait la plupart des artistes qui avaient quitté Paris au mois de juillet 1659 : Trivelin, le Pantalon Turi, Costantino Lolli, autrement dit le docteur Baloardo, Aurelia et Scaramouche. Horace (Romagnesi), mort dans l'intervalle, était remplacé par *Valerio*; la soubrette

Béatrix était remplacée par *Diamantine* (Patricia Adami). La troupe s'était adjoint Andrea Zanotti, second amoureux sous le nom d'*Ottavio*, Ursula Corteza, seconde amoureuse sous le nom d'*Eularia*, et un second zanni, Domenico Biancolelli, né à Bologne, en 1640, jouant sous le nom d'*Arlequin*; en tout dix personnages, qui sont le nombre indispensable, dit Angelo Costantini, pour jouer une comédie italienne.

Le roi leur fit une pension annuelle de 15,000 liv. Dans les comptes de la cour, on trouve, à la date de 1664, la mention du payement de cette pension par quartiers :

« A Dominique Locatelli et Dominique Biancolelli, musiciens (*sic*) italiens, tant pour eux que pour les autres comédiens, pour leurs appointements pendant le quartier de janvier.   3,750 liv.

« A Tiberio Fiurelli dit *Scaramouche*, chef de la troupe des Comédiens italiens, tant pour lui que pour sa compagnie, pour leur entretennement pendant les mois d'avril, mai, juin. .   3,750 liv.

« A André Zanotti, etc., pour le quartier de juillet, août et septembre . . . .   3,750 liv.

« A Dominique Biancolelli, etc., pour le quartier d'octobre, novembre et décembre.   3,750 liv. »

Il faut tripler et quadrupler cette somme si l'on veut en avoir l'équivalent actuel. La troupe se composant de dix personnes, chacune d'elles avait au moins cinq cents écus d'assuré. Cette pension resta fixée au même chiffre, que l'on trouve inscrit encore dans les comptes de l'année 1674 et de l'année 1688.

En outre, Scaramouche et sa femme Marinette, qu'il avait emmenée avec lui, touchaient, à la date de 1664, un supplément de pension personnelle, ainsi qu'il résulte des mêmes comptes :

« A Tiberio Fiurelli dit *Scaramouché*, comédien italien, pour ses gages, tant de lui que de sa femme, pendant une année finie le dernier juin 1664. . . . . 200 liv. »

Ce n'est pas tout. Lorsque les comédiens italiens allaient représenter à Versailles, à Saint-Germain-en-Laye, à Chambord, à Fontainebleau, ils avaient des gratifications ou ce qu'en langage technique on nommerait des *feux*. On lit, par exemple, dans les comptes de 1688 :

« A Cinthio, comédien italien, tant pour lui que pour ses compagnons, pour cinq comédies jouées à Versailles pendant les six derniers mois de 1688. . . . . 390 liv. »

Il n'est pas besoin de dire qu'ils étaient indemnisés de leurs frais de voyage, nourriture, logement, etc. Ainsi, à la suite de l'article précédent, on trouve celui-ci :

« *Item*, pour voiturer lesdits comédiens. 200 liv. »

La troupe italienne était traitée, sous ce rapport, comme les troupes françaises de l'Hôtel de Bourgogne et du Palais-Royal. Les dépenses assez modestes des divertissements qu'ils donnaient à la cour prouvent que, d'ordinaire, ils étaient simplement appelés à y jouer leurs canevas, sans grand appareil. Quand Molière et ses acteurs allèrent représenter la comédie-ballet du *Bourgeois gentilhomme* à Chambord, puis à Saint-Germain, en octobre et novembre 1670, nous voyons, d'après l'état officiel [1], les dépenses accessoires s'élever à la somme considérable de 49,404 livres, 18 sous. C'était Molière qui écrasait alors les Italiens du luxe de sa mise en scène et du faste de ses spectacles.

On aura remarqué encore que les comédiens de la troupe italienne touchent tour à tour la pension de la troupe. On en peut conclure qu'ils étaient en société, comme c'était l'usage pour les artistes de

---

1. Voir l'Appendice n° 6.

cette époque ; et, malgré la qualification donnée à Scaramouche, il ne semble même pas qu'il y ait eu parmi eux un véritable chef, comme l'était Molière, par exemple, parmi les siens.

Pendant une première période de cinq années, ils jouèrent exclusivement les pièces qu'ils avaient rapportées d'Italie. Il n'est point aisé d'offrir un spécimen des représentations que donnaient alors ces comédiens qui vinrent s'établir définitivement à côté de Molière. L'aide-mémoire de Dominique Biancolelli, dont nous parlerons plus loin, ne traçant qu'un seul rôle, ne permet point de se former une idée suffisante de l'ensemble des pièces. Il faut chercher ailleurs : voici deux canevas qui remontent probablement à cette époque. La rédaction qui en est donnée par Cailhava est, il est vrai, plus moderne ; à défaut d'autre, nous devons nous contenter de la reproduire ; mais il nous sera permis de rétablir les noms de la troupe qui joua à Paris de 1662 à 1671.

Le premier est intitulé *Arlecchino cavaliere per accidente*, ou *Arlequin gentilhomme par hasard*.

PROLOGUE.

Pantalon, gouverneur de la ville où l'action se

passe, a une fille nommée *Aurelia*; le *Docteur*, juge de la même ville, a un fils nommé *Ottavio*; les deux vieillards ont projeté d'unir leurs enfants. Aurelia en est au désespoir; elle fait avertir *Valeria* qu'elle aime et promet de fuir avec lui.

ACTE PREMIER.

La scène représente une rue; il est nuit. Valerio, masqué, sort de la maison de Pantalon avec Aurelia; il lui dit que son carrosse est tout prêt, sur la lisière du bois voisin. Ottavio les surprend, met l'épée à la main, s'écrie qu'il est blessé. Aurelia rentre chez elle, Valerio prend la fuite; le Docteur et Pantalon, accourus, s'affligent du malheur arrivé à Ottavio. Le Docteur prie Pantalon de faire courir après l'adversaire. *Trivelin* est chargé de ce soin. Le Docteur fait emporter son fils et le suit; Pantalon rentre chez lui pour questionner sa fille.

(*Un bois.*)

Arlequin arrive avec son âne pour faire du bois; il quitte son habit de paysan, le met sur un tronc, attache l'âne à un arbre et le charge de bien garder ses effets. Valerio a laissé son cabriolet pour se cacher dans l'épaisseur du bois; il voit l'habit de paysan, le prend, met le sien à la place, bien sûr de se sauver plus aisément à l'aide de ce déguisement, et part.

Arlequin, après avoir fait deux fagots, veut en charger son âne ; il est surpris de trouver, au lieu de sa souquenille, un habit magnifique, une perruque, un masque, un chapeau bordé : il demande à son âne s'il sait comment tout cela a été changé, et le félicite de ses talents s'il est pour quelque chose dans la métamorphose. Il s'en pare, en disant qu'il en vendra mieux son bois à la ville, quand Trivelin paraît à la tête de quelques soldats, reconnaît l'habit de l'homme qui a blessé Ottavio, fouille dans ses poches, trouve une lettre d'Aurelia, se confirme dans l'idée qu'il arrête Valerio, et emmène Arlequin.

Valerio qui a tout vu de loin, plaint Arlequin, forme la résolution de prendre son âne et d'aller à la ville ; de cette façon il ne sera pas connu, il pourra apprendre des nouvelles d'Aurelia, et rendre service au malheureux qu'on a pris pour lui.

(*Une chambre.*)

Le Docteur dit à Pantalon que la blessure d'Ottavio est très-légère ; ils s'en réjouissent. Trivelin annonce qu'il conduit Valerio ; on lui dit de le faire entrer. Arlequin fait des lazzi très-peu nobles ; on l'interroge, il nie tout. On lui montre la lettre d'Aurelia, il ne sait pas lire. On le confronte avec Aurelia qui est surprise en voyant l'habit de Valerio, mais qui, se remettant bien vite, feint de parler à Valerio lui-même. On l'envoie en prison.

ACTE DEUXIÈME

(La ville, avec la porte de la prison.)

Valerio, toujours déguisé en paysan, voudrait apprendre d'Arlequin ce qui s'est passé depuis qu'on l'a arrêté. Il frappe à la porte de la prison. *Diamantine*, sœur du geôlier, paraît ; il lui persuade qu'il est l'intendant du Monsieur qu'on a arrêté dans la matinée. Diamantine lui raconte que ce gentilhomme feint de n'être qu'un paysan et qu'il lui fait la cour. Valerio lui dit que son maître est d'une humeur singulière, et qu'il pourrait bien l'épouser ; elle se recommande à l'intendant. Quand le geôlier arrive, il se fâche de trouver sa sœur dans la rue avec un inconnu ; il fait grand bruit, surtout lorsque Valerio lui propose de l'introduire auprès de son nouveau prisonnier ; mais il s'apaise bien vite à la vue d'une bourse que Valerio lui offre et qu'il accepte.

(*L'intérieur de la prison.*)

Arlequin se promène, il s'ennuie, il désire une compagnie. Diamantine se présente, appelle Arlequin *monseigneur*, ce qui l'amuse quelque temps et lui déplaît ensuite. Diamantine dit que tout est découvert, que son intendant a tout dit. Arlequin ne connaît pas d'autre intendant que son âne. Diamantine lui soutient qu'il a des chevaux, des terres, des châteaux, et lui demande ce qu'il veut manger. Arlequin, comme de juste, donne la préférence au macaroni. Valerio entre d'un air respectueux ; Arlequin le traite de voleur en reconnaissant son habit. Valerio prie Diamantine de se retirer, et lui promet d'avancer son mariage. Dès qu'il est seul avec Arlequin, il lui raconte la vérité de toute l'aventure, le prie de feindre encore, et lui promet de le récompenser. Le geôlier vient prendre son prisonnier pour le conduire devant les juges.

(*Le Tribunal.*)

Le Docteur et Pantalon, assis devant un bureau, décident qu'il faut obliger Valerio à s'unir avec

Aurelia. Arlequin, devenu hardi, fait tapage et dit qu'il n'est pas honnête de conduire à pied devant un tribunal un seigneur qui a des chevaux et des carrosses. Les juges lui demandent pourquoi il enlevait Aurelia. — Parce qu'il en est amoureux. On lui dit que, pour avoir sa liberté, il faut l'épouser. Il ne demande pas mieux. Aurelia frémit à cette nouvelle, nie que ce soit Valerio. On lui répond qu'elle a déjà avoué le contraire. Son désespoir augmente. Valerio, apprenant à quoi l'on borne la punition, se présente, épouse Aurelia et donne à Arlequin de quoi se marier avec Diamantine.

Citons encore un canevas de la même époque : *Arlequin, dupe vengée :*

Arlequin, nouvellement marié avec *Diamantine*, mange souvent en ville par économie. Il doit aller dîner chez un voisin et dit à sa femme d'aller en faire autant chez sa mère. Diamantine n'est pas trop de cet avis ; aussi son mari craint-il qu'elle ne rentre quand il sera sorti, et, pour être sûr de son fait, il l'oblige à laisser la double clef de la maison qu'elle a dans sa poche.

Dès que Diamantine est partie, *Trivelin* vient annoncer à Arlequin que *M. Pantalon*, suivi de toute sa famille, va, dans le moment, arriver pour lui demander sa soupe. Arlequin s'excuse en disant qu'il est invité ailleurs. Trivelin, piqué de son avarice, projette de lui jouer un tour. Il s'empare d'une des clefs de la maison qui sont sur la table, met à la place celle de sa chambre, et sort pour un instant. Arlequin met dans sa poche la clef de sa porte et celle de la chambre de Trivelin, sans s'apercevoir de l'échange, et part. Il est bientôt remplacé par Trivelin, qui envoie chercher un rôtisseur, ordonne un repas magnifique au nom du maître de la maison, et, lorsque Pantalon arrive avec sa compagnie, il lui dit qu'Arlequin et sa femme, obligés d'aller en ville pour une affaire de la dernière conséquence, l'ont chargé de faire les honneurs pour eux. On mange beaucoup ; on boit encore mieux à la santé d'Arlequin et de sa femme, et l'on se retire.

Au second acte, Arlequin rentre avec Diamantine ; tous les deux respirent une odeur qui les surprend, quand le rôtisseur arrive, demande à Arlequin s'il est content du dîner qu'il a mangé ; Arlequin croit qu'on lui parle de celui que son ami lui a donné, il en fait l'éloge. Le rôtisseur part de là pour lui demander sa pratique et surtout le payement du repas qu'il a fait servir chez lui à douze francs par tête. Diamantine croit que son mari l'a obligée d'aller chez sa mère pour être plus libre et régaler des femmes. Arlequin, d'un autre côté, se persuade que sa femme a profité de son absence pour dîner chez elle avec quelque amant. Il se confirme dans cette idée, lorsque après avoir visité les clefs, il en trouve une qu'il ne reconnaît pas. Grand train, grand tapage. Il découvre enfin que Trivelin a ordonné le repas ; il se doute que la clef inconnue est celle de la chambre du fourbe ; il va l'essayer, ouvre la porte, entre, trouve une montre d'or, la vend et invite ensuite Pantalon avec toute sa famille à souper. Trivelin, ne pouvant rattraper sa clef, fait ouvrir sa chambre par un serrurier, ne trouve plus sa montre, en demande des nouvelles. Arlequin lui apprend qu'il l'a vendue dix louis ; il lui en rend six et en retient quatre, deux pour payer le dîner qu'il a commandé lui-même, deux pour le souper qu'ils vont manger.

Ces canevas nous paraissent appartenir, au moins pour le fond, à la période où les rôles des deux zanni acquirent une importance exceptionnelle sur le théâtre italien de Paris, grâce au talent supérieur du Trivelin Locatelli et de l'Arlequin Dominique, qui y régnèrent l'un à côté de l'autre de 1662 à 1671, époque où le premier mourut et Dominique resta seul maître de l'emploi.

Le nom de *Dominique* est un des plus célèbres de la *commedia dell' arte*. Il rivalise avec celui de Fiurelli-Scaramouche. Voici les vers qu'on lit au bas de son portrait gravé par Hubert :

> Bologne est ma patrie et Paris mon séjour.
> J'y règne avec éclat sur la scène comique;
> Arlequin sous le masque y cache Dominique
> Qui réforme en riant et le peuple et la cour.

« L'inimitable Monsieur Dominique, dit son successeur Gherardi, a porté si loin l'excellence du naïf du caractère d'Arlequin, que les Italiens appellent *goffagine*, que quiconque l'a vu jouer trouvera toujours quelque chose à redire aux plus fameux Arlequins de son temps. » L'*inimitable*, c'est l'épithète attachée à son nom : « Qui ramènera, dit Palaprat dans la préface de ses œuvres, qui ramènera les merveilles de l'inimitable Domenico, les charmes de la nature jouant elle-même à visage découvert sous le visage de Scaramouche ? »

Fils d'un père et d'une mère qui jouaient la comédie, il avait été élevé pour la profession de comédien et possédait toutes les qualités, tous les talents nécessaires à cette profession, l'adresse, la souplesse, la dextérité. Il avait en même temps la vivacité des reparties; quelques-unes courent les *ana.* Se trouvant au souper du roi, Dominique avait les yeux fixés sur un certain plat de perdrix ; Louis XIV, qui s'en aperçut, dit à l'officier qui desservait : « Que l'on donne ce plat à Dominique.

— Et les perdrix aussi ? demande Dominique.

— Et les perdrix aussi, » reprit le roi qui avait compris le trait. Le plat était d'or.

Louis XIV avait assisté incognito, au retour de la chasse, à une pièce italienne que l'on avait donnée à Versailles ; le roi dit, en sortant, à Dominique : « Voilà une mauvaise pièce. — Dites cela tout bas, lui répondit Arlequin, parce que, si le roi le savait, il me congédierait avec ma troupe. »

Dominique joignait l'étude à ses dispositions naturelles. Saint-Simon dit de lui, dans une de ses notes sur les Mémoires de Dangeau : « Comédien plaisant, salé, mettant du sien, sur-le-champ et avec variété, ce qu'il y avait de meilleur dans ses rôles ; il était sérieux, studieux et très-instruit. Le premier président de Harlay, qui le rencontra souvent à la bibliothèque de Saint-Victor, fut si charmé de sa science et de sa modestie, qu'il l'embrassa et lui demanda son amitié. Depuis ce temps-là jusqu'à la mort de ce rare acteur, M. de Harlay le reçut toujours chez lui avec une estime et une distinction particulière ; le monde qui le sut prétendait qu'Arlequin le dressait aux mimes, et qu'il était plus savant que le magistrat ; mais que celui-ci était aussi bien meilleur comédien que Dominique. »

Dominique modifia très-sensiblement le caractère d'Arlequin. « De tout temps, dit Louis Riccoboni, Arlequin avait été un ignorant. M. Dominique, qui était homme d'esprit et de savoir, connaissant le génie de la nation française, qui aime l'esprit partout où elle le trouve, s'avisa de faire usage des pointes et des saillies convenables à l'Arlequin. Les auteurs du théâtre italien, qui commencèrent à écrire pour M. Dominique, le confirmèrent dans son opinion, et nous voyons la forme qu'ils donnèrent au caractère d'Arlequin, qui est bien différente de l'ancienne... Depuis lors, le caractère d'Arlequin est devenu l'effort de l'art et de l'esprit du théâtre. Lorsqu'il a été manié par des acteurs de quelque génie, il a fait les délices des plus grands rois et des gens du meilleur goût; c'est un caméléon qui prend toutes les couleurs. » Arlequin, s'il n'était jadis naïf qu'à demi, devient alors tout à fait scélérat : « Arrogant dans la bonne fortune, dit M. Jules Guillemot[1], traître et rusé

---

1. *Revue contemporaine*, livraison du 15 mai 1866.

dans la mauvaise; criant et pleurant à l'heure de la menace et du péril, en un mot Scapin doublé de Panurge, c'est le type du fourbe impudent, qui se sauve par son exagération même, et dont le cynisme plein de verve nous amuse précisément parce qu'il passe la mesure du possible pour tomber dans le domaine de la fantaisie. »

Arlequin, avec ses nouvelles mœurs, court fréquemment le risque d'être pendu; il n'y échappe qu'à force de lazzi. Quant aux galères, il en a tâté plus d'une fois, par suite d'erreurs plus ou moins explicables de la justice. Dans le canevas de la *Figlia disubediente* (la Fille désobéissante)[1], Arlequin ne faisait que passer sur le théâtre, en soldat qui revient de l'armée, et répéter sans cesse : « Donnez par charité quelque chose à un soldat de Porto-Longone! » Or on sait que le siége de Porto-Longone avait été fait par les galères, qui s'y étaient, du reste, comportées vaillamment.

Depuis le seizième siècle, son costume a bien changé, comme son caractère[2]. Les pièces de diffé-

---

1. Voyez la *Muse historique*, lettre de Robinet, du 5 nov. 1667.
2. Nous reproduisons le nouveau personnage d'Arlequin, d'après la planche 2 de l'*Histoire du Théâtre italien* de Riccoboni.

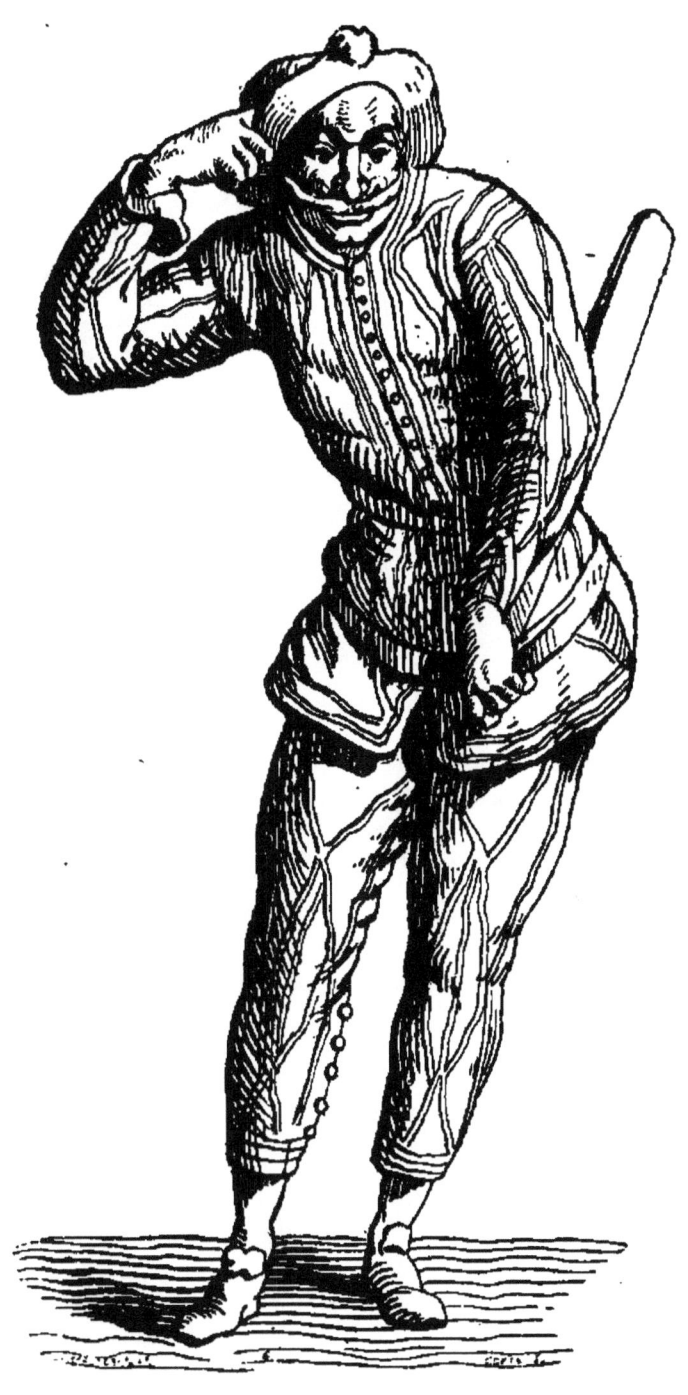

ARLEQUIN.

rentes couleurs ont été distribuées en triangles ou en losanges symétriques. On semble avoir voulu exprimer par ce bariolage cette nature de caméléon dont Riccoboni parlait tout à l'heure. A partir de ce moment, l'habit d'Arlequin ne varia plus guère; on y ajouta seulement les paillettes qui en font comme un reptile ruisselant d'écailles et qui ajoutent à cet aspect scintillant, sémillant, à ce je ne sais quoi de mobile et de fugace, qu'on a de plus en plus accusé en lui.

Dominique a laissé un manuscrit des scènes qui lui étaient personnelles dans les pièces représentées de son temps, manuscrit où il notait avec un soin égal ses bons mots et ses culbutes. Qu'est devenu ce répertoire? nous l'ignorons. Mais il a été analysé en partie par Gueulette et cette analyse se trouve dans l'*Histoire de l'ancien théâtre italien*, publiée par les frères Parfait, en 1753 [1].

Des canevas qui le composent, il ressort que la pantomime, c'est-à-dire ce qui consistait en postures, grimaces, sauts et jeux de scène, s'était alors développée considérablement au détriment des autres parties de la comédie de l'art. Le mime et le gymnaste semblent l'emporter sur l'acteur, et cela se

---

1. Voyez l'Appendice, n° 7.

comprend aisément, si l'on réfléchit que, devant un auditoire qui n'était pas italien, cette partie de la représentation était de beaucoup la plus intelligible et la plus saisissante.

Aussi, au contraire de ce qu'on remarque dans les canevas des *Gelosi*, la pièce n'est presque plus rien ici : les lazzi sont tout. Nous voyons beaucoup de scènes comme celle que nous allons, par exemple, emprunter au scenario des *Quatre Arlequins* :

« Arlequin vient, tenant une guitare à la main, et dans le dessein de donner une sérénade à sa maîtresse Diamantine. Il pose sa guitare à terre, et, pendant qu'il tourne la tête d'un autre côté, l'Arlequin butor met sa guitare auprès de la première et se retire. Arlequin est fort surpris de trouver deux instruments au lieu d'un : « Comment diable, « dit-il, je crois que ma guitare est accouchée ! » Sans qu'il s'en aperçoive, l'Arlequin butor lui dérobe les deux guitares : nouvelle surprise ; enfin, on lui remet la sienne en place. Il la prend, commence à en jouer : pendant ce temps-là, Arlequin butor se place derrière lui, et joue avec la sienne. Le premier reste immobile d'étonnement : « Voilà, « dit-il, un instrument bien singulier, il joue tout « seul. » Dans l'instant il se retourne, et apercevant l'autre il fait des gestes de frayeur. Arlequin

butor l'imite en tout : « C'est sans doute mon ombre
« que je vois, » dit Arlequin. Ils se demandent
alors réciproquement : « Qui es-tu ? » et se répondent
en même temps : « Arlequin. » Le véritable est
tout à fait confondu lorsqu'il voit paraître aussitôt
deux autres Arlequins : « O ciel ! s'écrie-t-il, il
« faut qu'il soit arrivé une barque pleine d'Arle-
« quins ! » Comme le butor est toujours à ses côtés,
Arlequin s'imagine que c'est la mélancolie qui lui
trouble la vue et lui présente des objets fantastiques.
« Voyons pourtant, ajoute-t-il, s'il y a de la réalité
« dans tout ceci. » Il se met d'abord des lunettes
sur le nez, et voit que les autres en mettent aussi
et se tiennent en pareille posture. Il prend un
sifflet, une sonnette, etc. Les autres font de même.
Arlequin se désespère, fait des sauts, des extravagances ; les autres l'imitent en tout, à l'exception
du butor qui se remue lourdement. »

Ces jeux se continuent longtemps et forment à
eux seuls une partie du spectacle ; comme ils n'a-
vaient pas eu grand succès à la première représentation, Dominique les redouble : il inscrit sur son
livre : « Il faut que nous fassions des postures d'es-
tropiés, de gros ventres, de tourner les mains derrière le dos, de former des attitudes singulières. Ces
corrections ont fait leur effet et ont mieux réussi à

la seconde représentation. » Tout cela est, comme on le voit, purement funambulesque.

L'esprit de Dominique, tel qu'il nous apparaît dans ses canevas, n'est pas des plus fins, et nous doutons fort, malgré le dire de Saint-Simon, qu'il le recueillît à la bibliothèque de Saint-Victor. En veut-on quelque spécimen? Arlequin est valet de Pantalon. Ils arrivent ensemble et trouvent Octave en conversation avec Eularia. Arlequin, voulant faire le serviteur zélé, se met entre ces amants, querelle Octave : « Je devine aisément, lui dit-il, que vous en voulez à l'honneur de ma maîtresse : elle n'en a point, entendez-vous? Allez vous promener. »

Dans le *Médecin volant*, le capitan vient consulter Arlequin qui fait le médecin, et lui demande un remède pour le mal de dents : « Prenez une pomme, répond Arlequin, coupez-la en quatre parties égales : mettez un des quartiers dans votre bouche, et ensuite tenez-vous ainsi la tête dans un four, jusqu'à ce que la pomme soit cuite, et je réponds que votre mal de dents se trouvera guéri. » Voilà qui prouve bien ce que dit un de ses panégyristes : « qu'il avait plusieurs connaissances particulières des secrets de la nature [1]. »

---

1. *Arlequiniana* publié en 1694, page 2.

Ailleurs, Arlequin, prévôt et juge, instruit ses archers de ce qu'ils doivent faire : « Il faut, dit-il, avoir beaucoup de prudence. Si, pendant la nuit, nous rencontrons un pauvre homme qui n'ait point d'argent, laissez-le passer. S'il se présente à heure indue un gentilhomme qui ait bien de l'or et nous en fasse part généreusement, il ne convient pas de l'empêcher de continuer librement son chemin. Mais si nous trouvons un bon marchand, n'eût-il pour toutes armes qu'un couteau sans pointe, conduisez-le en prison sans miséricorde. »

Dans une autre comédie, il y a une scène où il veut vendre sa maison. Il dit à l'acheteur qu'afin qu'il n'achète pas chat en poche, il lui en veut faire voir un échantillon, et là-dessus tirant de la basque de son casaquin un gros plâtras : « Voilà, dit-il, l'échantillon de la maison que je veux vous vendre. »

Dans une pièce où il fait le gueux, il demande l'aumône à Octave. Celui-ci, pour le plaisanter, l'interroge sur plusieurs choses, et entre autres, lui demande combien il a de pères? Arlequin lui répond qu'il n'en a qu'un. Octave, faisant semblant de se fâcher contre lui : *Perchè non hay che un padre?* lui dit-il. « Je suis un pauvre homme, répond Arlequin, je n'ai pas moyen d'en avoir davantage. »

Isabelle vient pour voir le Docteur, et, ne le trouvant pas, elle le veut attendre. Arlequin, qui est le valet de la maison, lui donne un fauteuil; après quoi, il va querir plusieurs instruments de chirurgie. Isabelle, surprise de cet appareil, lui demande ce qu'il veut faire. « Rien, madame, répond-il, vous trépaner seulement, pour vous désennuyer en attendant que le Docteur vienne. » Et comme, en s'en allant, elle le traite de fou : « Vous en avez besoin, lui crie-t-il, servez-vous de l'occasion, vous ne la trouverez pas toujours si commode. »

Ces traits sont pris parmi les meilleurs que l'on puisse glaner dans le recueil. Tel est l'esprit qui appartient en propre à Dominique, car, par la suite, Regnard, Dufresny, Fatouville, etc., lui en prêtèrent du plus vif et du meilleur.

La liberté la plus grande continuait de régner sur cette scène. Scaramouche notamment semble avoir conservé toute la licence de son rôle. On en aura une idée par les situations scabreuses du canevas de *Scaramouche, pédant scrupuleux*. Scaramouche est chargé de l'éducation d'un fils de famille qui suit une intrigue amoureuse avec une jeune personne du voisinage. Scaramouche en est instruit. Il apprend que son élève a certain rendez-vous pour le soir même, à minuit : il se rend au lieu indiqué, et trouve une échelle appuyée au balcon de la demoiselle. Scaramouche, à cette vue, frémit d'horreur en songeant à la faiblesse des hommes qui se laissent conduire dans un précipice par leurs passions effrénées. Il loue sa propre vertu et sa chasteté. Il maudit cette échelle fatale qui devait causer la perte de son élève ; il dit que le ciel lui inspire une bonne pensée, qu'il va trouver l'impudique beauté qui attire son élève, lui reprocher l'énormité de son crime et la ramener par ses sages exhortations dans la bonne voie. Il monte, en effet, trouve la jeune personne endormie. Alors le sage précepteur s'arrête et décrit complaisamment tous les charmes d'une beauté enchanteresse. Il voudrait descendre, mais il ne peut s'y résoudre ; il ne sait s'il est arrêté par le désir ou par la charité. Il feint de croire que la charité seule le guide vers la belle dormeuse et veut pousser très-loin ses soins charitables, quand son élève arrive. Scaramouche reprend son air contrit et son ton pédant, et dit à son élève qu'il n'était entré dans la chambre que pour le surprendre. La belle répond qu'en attendant il voulait l'embrasser et qu'elle avait toutes les peines du monde à se défendre. Scaramouche prend la fuite ; il reparaît ensuite couvert d'une peau d'ours et moralise en disant que qui veut vaincre ses passions doit fuir l'occasion, conclusion édifiante sans doute d'une scène qui l'est fort peu[1].

Tout le monde a dans la mémoire la réflexion par laquelle Molière termine la préface du *Tartuffe :* « Huit jours après que ma comédie eut été défendue, on représenta devant la cour une pièce intitulée *Scaramouche ermite*, et le roi, en sortant, dit au grand prince que je veux dire (Condé) : « Je « voudrais bien savoir pourquoi les gens qui se « scandalisent si fort de la comédie de Molière ne « disent mot de celle de Scaramouche ; » à quoi le prince répondit : « La raison de cela, c'est que la « comédie de *Scaramouche* joue le ciel et la reli- « gion, dont ces messieurs-là ne se soucient point ; « mais celle de Molière les joue eux-mêmes : c'est « ce qu'ils ne peuvent souffrir. »

Les situations de *Scaramouche ermite* étaient

---

[1]. Cette scène faisait certainement partie du premier canevas de *Scaramouche, pédant scrupuleux*, quoique Cailhava l'attribue à un personnage nommé *Don Gilli (Don Gilles)*. Il n'est pas besoin de dire que la situation analysée ci-dessus formait un des éléments d'une intrigue plus ou moins compliquée. Quand cette pièce de *Scaramouche, pédant scrupuleux* fut jouée en *monologues*, à la foire Saint-Laurent (en 1709) pour braver les défenses obtenues par les comédiens français, sept acteurs venaient l'un après l'autre réciter leur rôle.

d'une extrême indécence. Ainsi, il escaladait, dit-on, le balcon d'une femme mariée et y reparaissait de temps en temps, en disant comme frère Jean des Entommeures : *Questo è per mortificar la carne.* Mais rien ne semblait choquant de la part de ces bouffons. Si nous en croyons le biographe de Scaramouche, Angelo Costantini, Scaramouche ne craignait pas de faire allusion à ce rôle scandaleux en parlant à la reine mère : « Voilà, Madame, trois coups mortels pour le pauvre Scaramouche, et il faut que je sois assez malheureux pour être marié ; car, sans cela, dans le chagrin où je suis, je m'irais confiner dans un ermitage pour le reste de mes jours. Je joue déjà assez bien le rôle de l'*Ermite ;* et d'ailleurs ce serait un vrai moyen de me délivrer de l'importunité de mes créanciers, qui ne cessent de me persécuter. »

Les quelques lignes de la fameuse préface que nous venons de rappeler suffisent à nous avertir que les chefs-d'œuvre de la comédie française, *l'École des Femmes, le Misanthrope, le Tartuffe, l'Avare,* se succédaient sur le même théâtre où Scaramouche et Dominique faisaient à qui mieux mieux leurs culbutes « et autres singeries agréables, comme dit Gherardi, qui sont du jeu italien. » Malgré toute leur verve, les Italiens étaient bien loin maintenant de ceux qu'ils avaient devancés autrefois. Aussi éprouvèrent-ils le besoin de modifier leur manière pour soutenir la lutte avec leurs rivaux.

CHAPITRE XV

LA COMMEDIA DELL' ARTE
AU TEMPS DE MOLIÈRE ET APRÈS LUI

A PARTIR DE 1668.

Au printemps de 1668, commence une nouvelle époque dans l'histoire de l'ancien théâtre italien. D'abord quelques changements eurent lieu dans le personnel de la troupe : Mario-Antonio Romagnesi, fils de Marc Romagnesi et de Brigida Bianchi (Aurelia), débuta dans les seconds rôles d'amoureux sous le nom éclatant de *Cintio del Sole*. Scaramouche s'en alla en Italie et ne revint qu'en 1670. Mais la grande innovation qu'il faut remarquer et qui nous oblige de fixer à cette date le point de départ d'une nouvelle période dans l'histoire de la comédie italienne à Paris, c'est que ces acteurs commencent alors à insérer dans leurs pièces des scènes en français, des chansons en français, ce qui amène peu à peu une transformation complète dans leur répertoire. Ce nouveau système fut inauguré le 2 mai 1668 par le *Régal des Dames* (*il Regallo delle Damme*, ne voilà-t-il pas un singulier italien?), où Dominique-Arlequin chantait plusieurs chansons françaises, notamment une chanson à boire commençant ainsi :

> Paye chopine,
> Ma voisine....

Dans le *Théâtre sans comédie* (*il Teatro senza commedie*), pièce dont Cintio del Sole était l'auteur et qui fut jouée au mois de juillet suivant, un panégyrique de Scaramouche (Fiurelli absent) était prononcé en français par le Scaramouche qui le remplaçait, panégyrique que Gueulette suppose avoir été écrit par M. de Fatouville, conseiller au parlement de Rouen.

De ce moment, le théâtre italien prend aux yeux de l'histoire un intérêt d'une autre sorte ; mais il perd celui qu'il offrait pour le sujet qui nous occupe principalement ; ou plutôt la thèse se retourne pour ainsi dire : les Italiens nous imitèrent à leur tour. La comédie de l'art reprit alors à notre théâtre, et notamment à Molière, presque autant que lui devaient ceux-ci. On aperçoit dans les canevas nouveaux ou refaits à cette époque, bien des idées comiques qui, à coup sûr, avaient passé par la scène française. Nous avons remarqué précédemment que le *Convitato di pietra* fit très-probablement plus d'un emprunt au *Don Juan* de Molière qui avait fait sur la scène une courte apparition, car tandis que Molière était contraint de retirer son œuvre du théâtre, les Italiens continuaient de jouer impunément leur parade qui ne scandalisait personne; ce qu'on jugeait condamnable le mardi cessait de l'être le mercredi, et Arlequin, voyant son maître s'engouffrer dans la flamme infernale, pouvait s'écrier: «Mes gages! Faudra-t-il que j'envoie un huissier chez le diable pour obtenir le payement de mes gages!» sans être accusé «de braver la justice du ciel [1]!»

Ce mouvement inverse, ce reflux, pour ainsi dire, que nous avons à constater fut par la suite une cause d'incertitude et de confusion : quand il devint difficile de démêler dans le répertoire italien ce qui avait précédé Molière ou ce qui l'avait suivi, on méconnut souvent les dettes réelles qu'il avait contractées pour lui attribuer des emprunts où il était,

---

[1]. Voy. les Observations du sieur de Rochemont, sur ces derniers mots du rôle de Sganarelle.

non plus débiteur, mais créancier. De bonne heure, on tomba dans cette confusion. Le *Livre sans nom*, qui parut en 1695 et qui est attribué à Cotolendi, contient le passage suivant : « Si les comé-
« diens italiens n'eussent jamais paru en France,
« peut-être que Molière ne serait pas devenu ce
« qu'il a été. Je sais qu'il connaissait parfaite-
« ment les anciens comiques ; mais enfin il a pris
« à notre théâtre ses premières idées. Vous sa-
« vez que son *Cocu imaginaire* est *il Ritratto* des
« Italiens ; Scaramouche interrompu dans ses
« amours a produit ses *Fâcheux;* ses *Contre-temps*
« ne sont que *Arlequin valet étourdi :* ainsi de la
« plupart de ses pièces ; et dans ces derniers temps,
« son Tartuffe n'est-il pas notre Bernagasse ? A la
« vérité, il a excellé dans ses portraits et je trouve
« ses comédies si pleines de sens, qu'on devrait
« les lire comme des instructions aux jeunes gens,
« pour leur faire connaître le monde tel qu'il
« est.... »

Il ne faut accueillir toutes ces assertions qu'avec beaucoup de réserve. *Arlequin valet étourdi* n'a pas produit *les Contre-temps*, car ce canevas ne devait pas être antérieur à 1662, et *les Contre-temps* avaient été composés bien avant cette époque ; mais *l'Inavertito* de Beltrame avait été la source commune et de la comédie française et du canevas italien.

Il est vraisemblable, avons-nous dit, qu'un canevas italien, intitulé *il Ritratto* (le Portrait), très-différent de celui des *Gelosi* qui porte le même titre, fut utile à Molière pour la composition du *Cocu imaginaire*, mais il est impossible de déterminer dans quelle mesure, le canevas primitif ne nous étant pas connu, et les Italiens ayant, à coup sûr, profité de ce qu'il y avait à leur convenance dans la pièce française.

L'affirmation est encore plus hasardée en ce qui concerne le scenario intitulé : *Bernagasse* ou plutôt *il Basilico di Bernagasso*, lequel n'aurait été ni plus ni moins que *le Tartuffe*. Il suffit de lire l'analyse que donnent de ce scenario les auteurs de *l'Histoire de l'ancien théâtre italien*, pour se convaincre que les traits de ressemblance qu'il présente avec la fameuse comédie sont d'abord tout à fait insignifiants, qu'en outre ils ne tiennent nullement, dans la farce italienne, au fond du sujet et y semblent au contraire introduits après coup ; d'où l'on peut conclure à peu près certainement que *il Basilico di Bernagasso* s'est enrichi de ces traits aux dépens du *Tartuffe*.

Si ces erreurs étaient déjà si aisées à commettre

au dix-septième siècle, elles le devinrent bien plus encore à mesure qu'on s'éloigna. Riccoboni, qui écrivait dans la première moitié du dix-huitième siècle, Cailhava, qui écrivait dans la seconde moitié du même siècle, ne se préoccupèrent ni l'un ni l'autre, en traitant à leur tour les mêmes questions, de fixer la date des documents et d'établir une chronologie précise. Nous avons vu ce dernier présenter comme prototype du *Dépit amoureux*, non pas *l'Interesse*, imprimé en 1581, mais *la Creduta maschio* (la Fille crue garçon) que Riccoboni déclare lui-même avoir arrangée pour sa troupe alors qu'il jouait à l'Hôtel de Bourgogne pendant la minorité de Louis XV. Toute production italienne où Cailhava aperçoit quelque analogie avec l'œuvre de Molière témoigne, pour lui, d'un emprunt de notre comique, et il ne se pose jamais l'hypothèse contraire.

Il y a pourtant, de cette revanche d'ailleurs légitime, des traces bien frappantes jusque dans le répertoire de l'Arlequin Dominique : en voici un remarquable exemple : Un peu plus d'un an après la première représentation du *Malade imaginaire*, les Italiens en donnèrent une grossière copie sous le titre de : *le Triomphe de la médecine*, représenté le 14 mai 1674, presque en même temps que la dernière œuvre de Molière était reprise par la troupe française. A la fin de cette pièce du *Triomphe de la médecine*, lorsque Scaramouche avait consenti au mariage de sa fille avec Cintio, à condition qu'on le fera recevoir docteur en médecine, on en faisait la cérémonie et l'on récitait les vers macaroniques composés par Molière, en les amplifiant beaucoup et en y ajoutant la bastonnade qui était traditionnelle sur le théâtre italien « et inséparable de l'action. »

On pourrait soupçonner que nous avons cette amplification italienne dans la version imprimée à Rouen et à Amsterdam, et qui est deux fois plus étendue que le texte en quelque sorte officiel de la burlesque cérémonie. On y relève, en effet, de nombreux italianismes et même des vers entiers en italien :

> Che si non era morta, c'était grande merveille,
>   Perchè in suo negotio
> Era un poco d'amore e troppo di cordoglio :
> Che'l suo galano sen' era andato in Allemagna
> Servire al signor Brandebourg una campagna....

Remarquez aussi le titre de ces versions amplifiées : *Receptio publica unius juvenis medici*, ce qui s'appliquerait mieux à la réception de Cintio del Sole qu'à celle d'Argan. D'autre part, il y a à objecter que ces éditions distinctes sont datées de 1673, et la première du mois de mars de cette année. Il faudrait donc supposer que les Italiens eussent joué cet intermède bien avant leur pièce du *Triomphe de la médecine*, qu'ils s'en fussent emparé presque aussitôt qu'il parut sur le théâtre de Molière, ce qui serait surprenant sans doute, mais non impossible dans les libres usages de l'époque.

Quoi qu'il en soit de ce dernier point, il est constant que les Italiens prirent à Molière ses inventions comiques sans plus de scrupules qu'il n'en avait mis à puiser dans leur répertoire. Les échanges furent perpétuels ; l'équilibre tendait à se rétablir par ce moyen entre les deux théâtres et entre les deux littératures. Par la suite, cet équilibre se rompit de nouveau, et ce fut alors la littérature et surtout la littérature dramatique de l'Italie qui fut redevable à la France de bien plus que celle-ci ne lui avait dû jadis. L'Italie le reconnut et le proclama elle-même avec un enthousiasme qui fut porté jusqu'à l'excès et lui fit répudier l'antique génie de la nation. Les vieux types de la *commedia dell' arte* y furent dénigrés, proscrits, par suite de l'influence de la comédie française, avec une rigueur qui ne fut dépassée que par l'Allemagne où, dans une représentation solennelle, le pauvre Arlequin fut brûlé en effigie sur la scène de Leipsig.

Molière mourut le 17 février 1673, en jouant pour la quatrième fois le rôle du *Malade imaginaire*. Sa mort fut suivie d'une révolution dans les théâtres de Paris. Lulli obtint du roi d'installer l'Opéra dans la salle du Palais-Royal. Les comédiens français et les comédiens italiens s'établirent rue des Fossés-de-Nesle (depuis rue Mazarine), en face de la rue de Guénégaud, dans une salle construite sur l'emplacement où se trouve aujourd'hui le passage du Pont-Neuf; ils y jouèrent alternativement jusqu'en 1680.

A cette date, la troupe française de la salle Guénégaud fut, par mesure administrative, réunie à la troupe de l'Hôtel de Bourgogne. La nouvelle compagnie resta seule en possession du théâtre de la rue Mazarine. Les Italiens, à qui les Français payèrent une indemnité de 800 livres, allèrent jouer à la salle de la rue Mauconseil, et y jouèrent tous les jours, excepté le mardi et le vendredi.

Quelques acteurs avaient alors disparu. Le Pántalon Turi, toujours querelleur, s'était sauvé, vers 1670, après avoir tiré un coup de pistolet sur Ottavio et l'avoir manqué; il s'était fait prêtre en

Italie. Trivelin était mort en 1671. Aurelia quitta le théâtre en 1683 : elle vécut jusqu'à l'âge de quatre-vingt-dix ans et mourut en 1703, époque où Mademoiselle Belmont, femme de son petit-fils, se souvenait d'avoir vu, dans son lit, toujours et extrêmement parée, l'ancienne favorite de la reine Anne d'Autriche.

De nouveaux artistes étaient venus d'autre part renforcer la troupe : Giuseppe Giraton ou Giaratone, d'abord gagiste, puis sociétaire, ressuscita, en 1673, le personnage de *Pierrot*. C'est Molière qui probablement donna l'idée de cette résurrection en nommant Pierrot le paysan du *Festin de Pierre*. Il paraît que ce nom rappela aux Italiens leur ancien type, si important sur le théâtre des *Gelosi*. Depuis la transformation d'Arlequin, ils n'avaient plus de second zanni, c'est-à-dire de valet balourd et ignorant[1]. Giraton entreprit de restaurer ce type fameux de Pedrolino ou Pierrot ; il lui rendit son ancien caractère, à la fois niais et badin, son bon sens mélangé de sottise et de crédulité, et il eut un très-grand succès. Ce rôle redevint un des

---

1. On voit ci-contre l'habit de Pierrot, tel qu'il parut en 1673, reproduit d'après la planche 18 de l'*Histoire du Théâtre italien* de Riccoboni. Pierrot est tout blanc, depuis la tête jusqu'aux pieds, comme Scaramouche est tout noir. Il ne porte pas non plus de masque et a le visage enfariné.

PIERROT.

principaux de la comédie de l'art, et une série de mimes célèbres ont perpétué chez nous sa popularité, de sorte qu'il en est demeuré plus Français qu'Italien.

Voici quelle était, en 1682, la composition de la troupe italienne, d'après « l'état de la dépense pour les comédies représentées devant Monseigneur le Dauphin, pendant le carnaval : »

Les sieurs Octave, Cintio, Scaramouche, Dominique, Spezzafer (c'était probablement un nouvel acteur qui avait repris ce type disparu pendant quelque temps), le Docteur, Flautin (Giovanni Gherardi engagé en 1675).

Les demoiselles Eularia, Aurelia, Diamantine.

Gagistes : Giaraton, Lefebvre, Davigeau, Loriot, Germain.

Décorateurs : Joussin et Cadet.

Les deux filles de Dominique, Françoise et Catherine Biancolelli débutèrent en 1683, l'une comme première amoureuse sous le nom d'*Isabelle*, l'autre comme soubrette sous le nom de *Colombine*. Ces deux piquantes actrices ont laissé, elles aussi, un souvenir qui n'est pas encore effacé.

Mentionnons encore Angelo Costantini (Mezzetin) admis en 1683 ; Giuseppe Tortoriti (Pasquariel) admis en 1685; Évarista Gherardi, fils de *Flautin*, qui débuta, le 1ᵉʳ octobre 1689, dans l'emploi d'Arlequin, et s'y maintint avec succès malgré l'écrasant souvenir de son prédécesseur.

Il y avait, à cette dernière date, un peu plus d'une année que la troupe italienne avait perdu le fameux Dominique. Domenico Biancolelli mourut en 1688, à l'âge de quarante-huit ans, dans les circonstances suivantes : « Le sieur Beauchamp, maître à danser de Louis XIV et compositeur de ses ballets, avait dansé devant S. M. une entrée très-singulière, qui avait été goûtée de toute la cour. Dans un divertissement que les comédiens italiens joignirent à une de leurs pièces représentée devant le roi, Dominique, qui dansait fort bien, imita d'une façon extrêmement comique la danse de Beauchamp. Le roi parut prendre tant de plaisir à cette entrée, que Dominique la fit durer le plus longtemps qu'il lui fut possible, et il s'y échauffa tellement, que, n'ayant pu changer de linge au sortir du théâtre (parce qu'il lui fallut exécuter son rôle tout de suite), il lui survint un gros rhume qui se tourna en fluxion de poitrine. La fièvre s'y étant jointe, il ne fut pas plus de huit jours malade, et après avoir *renoncé* au théâtre, il mourut le lundi 2 août 1688, à six heures du soir, et fut enterré à Saint-Eustache, derrière le chœur, vis-à-vis la chapelle de la Vierge. » L'Arlequin Dominique laissait, dit-on, trois cent mille livres de biens.

Il souffrait déjà depuis quelque temps, si l'on s'en rapporte à une anecdote qui courut à son sujet. Comme la plupart des grands bouffons, il était mélancolique dans la vie privée et tourmenté d'une sombre tristesse. Étant allé un jour chez un fameux médecin pour le consulter sur la maladie noire dont il était attaqué, celui-ci, qui ne le connaissait pas, lui dit qu'il n'y avait d'autre remède pour lui que d'aller souvent rire aux bouffonneries d'Arlequin. « En ce cas, je suis mort, répondit le pauvre malade, car c'est moi qui suis Arlequin. »

La différence qui existait entre le bouffon à la ville et le bouffon au théâtre est curieusement caractérisée dans une anecdote relative au fameux Santeul, le fantasque chanoine de Saint-Victor. Dominique avait envie d'avoir quelques vers latins de lui, et il l'alla voir en habit de ville. Santeul se refusa absolument à le reconnaître et prétendit que ce visiteur solennel n'avait rien de commun avec Arlequin. Peu de jours après, Dominique y retourna dans son habit de théâtre, avec sa sangle et son épée de bois. Il prit un manteau qui le couvrait jusqu'aux talons, et, ayant caché son petit chapeau, il se mit dans une chaise. Quand il fut à la porte de la chambre, il heurta ; en entrant il jeta son manteau à terre et, s'étant coiffé du petit chapeau, il courut, sans rien dire, d'un bout de la chambre à l'autre en faisant des postures plaisantes. Santeul, étonné d'abord et ensuite réjoui de ce qu'il voyait, entra dans la plaisanterie et courut lui-même dans tous les coins de sa chambre, puis ils se regardaient tous deux, faisant chacun des grimaces pour se payer de la même monnaie. Un moment après, Santeul s'avisa de le poursuivre à coups d'aumusse, et Arlequin le faisait sauter à coups de sangle. La scène ayant duré un peu de temps, Arlequin leva enfin son masque, et ils s'embrassèrent tous deux avec les ha, ha ! de deux amis qui se revoient après une longue absence. Santeul lui fit des vers très-beaux.

La mort de Dominique porta un coup terrible au théâtre italien. Il s'en releva pourtant. Il résista aussi à un autre désastre, à la retraite de Scaramouche qui eut lieu en 1691. Loret disait de cet acteur :

> C'est un comique sans pareil ;
> Comme le ciel n'a qu'un soleil,
> La terre n'eut qu'un Scaramouche.

On sait les vers placés au-dessous de son portrait gravé par Vermeulen :

Il fut le maître de Molière,
Et la nature fut le sien.

Né en 1608, il vécut encore trois années après avoir quitté la scène. En mourant, il ne laissa pas moins de biens que son émule Dominique. « Outre un legs considérable qu'il a fait à une maison religieuse, dit son biographe, il a laissé à son fils, qui est un prêtre savant et d'un grand mérite, tout le bien qu'il avait en France et en Italie, qui se monte à la valeur de près de cent mille écus. Il a été regretté de tout le monde. Une foule extraordinaire de toutes sortes de personnes accompagna son corps jusques dans l'église de Saint-Eustache, où il fut inhumé avec une grande pompe, le huitième décembre 1694. »

Arlequin enterré derrière le chœur, vis-à-vis la chapelle de la Vierge ; Scaramouche inhumé dans l'église Saint-Eustache en grande pompe ; on ne peut s'empêcher, en lisant ces mots, de songer au convoi de Molière, qui n'avait pas eu le temps de *renoncer* au théâtre, et qui fut conduit silencieusement, à neuf heures du soir, tout droit au petit cimetière de Saint-Joseph : contraste pénible et sujet d'immortel regret.

CHAPITRE XVI

LES DERNIERS TEMPS DE LA COMÉDIE ITALIENNE EN FRANCE.

La comédie italienne, pendant son premier séjour à l'Hôtel de Bourgogne, jeta un vif éclat. La comédie française s'en montra plus d'une fois jalouse : les Italiens jouaient des pièces françaises ; les comédiens français prétendirent qu'ils n'en avaient pas le droit. Le roi voulut être le juge de ce différend. Baron se présenta pour défendre la prétention des comédiens français, et Arlequin vint pour soutenir celle des Italiens. Après le plaidoyer de Baron, Arlequin dit au roi : « Sire, comment parlerai-je ? — Parle comme tu voudras, répondit le roi. — Il n'en faut pas davantage, dit Arlequin, j'ai gagné ma cause. »

Cette décision, quoique obtenue par subtilité, eut son effet, et depuis, les comédiens italiens jouèrent presque exclusivement des pièces françaises.

La comédie des *Chinois*, de Dufresny et Regnard, jouée par les Italiens le 13 décembre 1692, contient plus d'un trait qui témoigne de la rivalité des deux théâtres, depuis que leur domaine était devenu à peu près le même. Regnard, qui n'avait pas encore eu de pièce représentée aux Français, ne ménageait pas la modestie de ses interprètes.

COLOMBINE.

Pour donner à l'univers un comédien italien, il faut que la nature fasse des efforts extraordinaires. Un bon Arlequin est *naturæ laborantis opus*; elle fait sur lui un épanchement de tous ses trésors; à peine a-t-elle assez d'esprit pour animer son ouvrage. Mais pour des comédiens français, la nature les fait en dormant : elles les forme de la même pâte que les perroquets, qui ne disent que ce qu'on leur apprend par cœur : au lieu qu'un Italien tire tout de son propre fonds, n'emprunte l'esprit de personne pour parler; semblables à ces rossignols éloquents, qui varient leurs ramages suivant leurs différents caprices.

LE COMÉDIEN FRANÇAIS.

Vous des rossignols? Ma foi ! vous n'êtes tout au plus que des merles que le parterre prend soin de siffler tous les jours.

Les Italiens parodiaient parfois les Français. Ainsi, dans *la Lingère du Palais* (1682), Arlequin faisait la caricature de Mademoiselle Champmêlé ou Chamelay, comme écrit Gherardi, et jouait avec Pasquariel la fameuse scène du Cid :

Rodrigue, qui l'eût cru ?

PASQUARIEL.

Chimène, qui l'eût dit ?

ARLEQUIN.

Que ce vin prêt à boire aussitôt se perdit !

La lutte devait, plus tard, s'envenimer davantage.

Les deux théâtres s'accordèrent d'autant moins, que la ressemblance fut plus grande entre eux. En effet, il vint un moment, et ce moment coïncide à peu près avec l'époque de la mort de Molière, où la comédie italienne, qui ne s'en allait plus, comme autrefois, respirer l'air natal, se fit de plus en plus française. Elle ne conserva plus de son origine que quelques bribes de langage dont elle émaillait bizarrement son dialogue, ses types traditionnels qui lui faisaient une économie de costumes, enfin les formes purement extérieures de la *commedia dell'arte*. En réalité, le théâtre italien de l'Hôtel de Bourgogne est une scène française, une scène de genre, comme nous disons aujourd'hui. La troupe ne joue presque plus rien de son répertoire national. Ce sont des écrivains français qui travaillent pour elle : nous avons déjà cité Fatouville, Regnard et Dufresny ; citons encore Palaprat, Lenoble, Boisfranc, Mongin, Delosme de Montchesnay, etc. L'improvisation n'y a plus, quoi qu'en dise Colombine, qu'une part très-limitée et restreinte à des scènes qui sont le plus souvent inutiles à la pièce et s'y intercalent comme des intermèdes.

La naturalisation, quant aux caractères et aux mœurs, est aussi complète que possible. Isabelle et Colombine sont de vraies Parisiennes. L'esprit gaulois a remplacé la fantaisie italienne. Prenez le recueil d'Évariste Gherardi, qui nous a conservé les pièces jouées par les Italiens à l'Hôtel de Bourgogne : vous y reconnaîtrez immédiatement la tradition de la raillerie française, notre génie satirique, à travers les déguisements fort légers qu'on lui impose. Ce qui y domine, ce sont, comme dans nos anciennes Farces, les railleries contre les maris, contre les femmes et contre le mariage. Quelques mots nous donneront tout de suite le ton du recueil ; voici, par exemple, les aphorismes humoristiques qu'on y prodigue :

« Une femme mariée, dit Arlequin, est comme une maison dont le propriétaire n'occupe que le plus petit appartement, et où cependant toutes les grosses réparations se font sur son compte. »

Mezzetin, reprend : « Comme ainsi soit que le naturel des corneilles est d'abattre des noix et de parler gras, celui des pies d'avoir la queue longue, et des perroquets d'être habillés de vert, de même la nature des femmes est de faire enrager leur mari. »

Colombine trouve son maître Persillet triste et soucieux : « Qu'est-ce que c'est, Monsieur ? vous trouvez-vous mal ? — Juste ciel ! — Qu'avez-vous donc ? sont-ce des vapeurs ? est-ce la goutte ? — Pis que cela. — Quoi ! la migraine ? — Encore pis. — La colique peut-être ? — Pis, vous dis-je. — La fièvre ? — Cent fois pis. — La pierre donc ? — Pis, mille fois. — Hé ! que diantre pouvez-vous donc tant avoir ? — Ce que j'ai... ah !... — Ma foi, Monsieur, je perds patience. — J'ai... — Achevez donc. — J'ai tous les maux ensemble, Colombine : j'ai une femme ! »

Les femmes, de leur côté, exercent de justes représailles : « En France, dit Colombine, les hommes ne font que babiller jusqu'au jour de la noce ; aussi, quand ils sont mariés, ils n'ont plus rien à dire à leurs femmes. Je connais des maris qui, dans toute une année, ne leur disent pas seulement une fois : Dieu te gard' ! »

Et quant au mariage, voici Pasquariel, libraire, qui vend un livre, lequel ressemble de bien près à notre vieux livre des *Quinze joyes*, ce sont : « *les Agréments et les chagrins du mariage*, en trois tomes; le chapitre des agréments contient la première page du premier feuillet du premier tome et le chapitre des chagrins contient tout le reste. »

Bon ou mauvais, vrai ou faux, tout cela ne nous vient pas d'au delà des monts. Nos aïeux, du treizième au seizième siècle, avaient été les premiers à dépenser dans ce genre de facéties leur malice et leur belle humeur.

La satire dont use et abuse alors le théâtre italien est toute actuelle et souvent toute locale. Ce sont, par exemple, les juges, les avocats, les procureurs de Paris, qui sont en cause et cruellement fustigés. L'avocat Braillardet, dans le *Divorce,* de Regnard, plaide la cause de son client Sotinet contre Isabelle, femme de Sotinet :

> On ne manquera pas de vous dire que celui pour qui je suis est un brutal : j'en tombe d'accord. Un ivrogne : je le veux. Un débauché : j'y consens. Un homme même qui est quelquefois attaqué de vertiges : cela est vrai. Mais, messieurs...
>
> SOTINET.
>
> Mais, monsieur, l'avocat, qui vous a donné charge de dire tout cela?

BRAILLARDET.

Hé, taisez-vous, ignorant. Ce sont des figures de rhétorique qui persuadent.

Et maître Cornichon, défenseur de la dame, redouble les coups à tort et à travers et accable le malheureux mari.

CORNICHON.

Vous la voyez, messieurs, à votre tribunal cette innocente opprimée, cette femme qui engage ses pierreries, vend sa vaisselle d'argent. Mais pourquoi fait-elle tout cela? Pour tirer son mari de prison...

BRAILLARDET.

En vérité, messieurs, voilà une calomnie atroce. Le sieur Sotinet n'a jamais été en prison.

CORNICHON.

Un sous-fermier jamais en prison! Hé bien, donnez-vous un peu de patience, nous l'y ferons bientôt aller. Mais que dirons-nous, messieurs, de ses débauches, ou, pour mieux dire, que n'en dirons-nous pas? Car jusqu'à quel excès de crapule cet homme-là ne s'est-il point laissé emporter? Mais que dis-je, un homme? Non, messieurs, c'est plutôt une futaille, c'est une éponge toute dégouttante de vin...

BRAILLARDET.

Je vous arrête là. Le sieur Sotinet ne boit que de l'eau : cela est de notoriété publique.

CORNICHON.

Un homme, qui a été toute sa vie dans les aides, ne boit que de l'eau ! N'avait-il bu que de l'eau, maître Braillardet, quand, sortant tout chancelant d'un cabaret pour assister à l'enterrement d'un de ses meilleurs amis, il se laissa tomber dans la fosse où il serait encore, si, par malheur pour sa femme, on ne l'en eût retiré? N'a-t-il bu que de l'eau, quand il revient chez lui le soir, amenant avec soi des femmes d'une vertu délabrée; et qu'il maltraite celle pour qui je suis, de paroles et de coups?

BRAILLARDET.

Des coups? Ah! messieurs, on ne sait que trop que c'est le pauvre homme qui les a reçus. Il a porté plus de trois mois un emplâtre sur le nez, d'un coup de chandelier que sa femme lui a donné.

SOTINET, en pleurant.

Cela est vrai. Je ne saurais m'empêcher de pleurer toutes les fois que j'y songe.

L'avocat va plus loin : il plaide que le mari est un fou furieux, et, pendant que le tribunal délibère, Braillardet lui-même croit à propos de faire une concession : « Quand il y aurait quelque petit grain de folie, il a des intervalles ! » C'est Colombine qui joue le rôle de Braillardet et Arlequin qui remplit celui de Cornichon, mais les masques italiens n'ont, en réalité, rien à voir dans cette parodie satirique.

De même, quand Arlequin se présente, sous le nom de *Grapignan*, pour succéder au procureur Coquinière [1], Arlequin Grapignan n'a que faire d'être Arlequin, il lui suffirait d'être Grapignan.

COQUINIÈRE.

Avant toutes choses, dites-moi, mon cher enfant, aimez vous l'argent avec âpreté? Vous sentez-vous d'humeur à tout faire pour en amasser?

GRAPIGNAN.

Malepeste! si j'aime l'argent!

COQUINIÈRE.

Tant mieux! Vous voilà à demi procureur. Sachez donc que, pour parvenir en fort peu de temps, il faut être dur et impitoyable, principalement à ceux qui ont de grands biens; il ne faut jamais donner les mains à aucun arbitrage, jamais ne consentir d'arrêt définitif : c'est la perte des études. Au reste, qu'on ne vous voie que rarement aux audiences. Attachez-vous aux procès par écrit et multipliez si adroitement les incidents et la procédure qu'une affaire blanchisse dans votre étude avant que d'être jugée.

GRAPIGNAN.

Ah! diable! je vois que vous l'entendez...

COQUINIÈRE.

Tu vois, mon cher enfant, que je te parle en père et

1. *La Matrone d'Éphèse ou Arlequin Grapignan*, comédie en trois actes, par Nolant de Fatouville, conseiller au parlement de Rouen. 12 mai 1682.

je te fais voir les entrailles de notre profession. Mon fils, attache-toi aux saisies réelles, aux préférences de deniers. Remue ciel et terre pour être procureur des bonnes directions, et ne t'endors jamais sur une consignation; c'est le vrai patrimoine des procureurs. Voilà, mon cher enfant, les préceptes solides que mon honneur et ma conscience me suggèrent et que tu dois suivre, si tu aimes tant soit peu la fortune.

Écoutons Arlequin sous la robe du notaire La Ressource, dans *le Banqueroutier*, autre comédie du conseiller Fatouville. Arlequin va nous faire une théorie de la faillite qu'on serait tenté de croire plus moderne. Ce dialogue date pourtant de 1687 :

PERSILLET.

Mais, à propos de banqueroute, tenez-vous que cela puisse rétablir les mauvaises affaires d'un homme? Ce serait un beau secret.

ARLEQUIN.

Il est infaillible. C'est ce qu'on appelle l'émétique des gens ruinés. Par exemple, si vous étiez en cet état-là, le ciel vous en préserve!...

PERSILLET, à part.

J'en suis plus près qu'on ne pense.

ARLEQUIN.

Il faudrait mettre du côté de l'épée le million que vous cherchez pour marier votre fille, acheter un duché et établir votre fils. Dans le crédit où vous êtes, voilà trois hameçons capables de prendre toutes les dupes de Paris. Car, enfin que vous l'entendiez, quand on veut faire son coup, il faut être dans cette odeur de fortune et d'opulence.

PERSILLET.

Il ne faut donc pas attendre à l'extrémité?

ARLEQUIN.

Nenni, diable! nenni. Dès que le crédit chancelle, il n'y a plus rien à faire. Mais quand tout vous rit, et que le monde est bien infatué de vos richesses, il faut prendre à toute main l'argent qu'on vous offre, faire grande dépense à l'ordinaire; et puis un beau matin, après avoir mis tous vos meilleurs effets dans une cassette, déloger à petit bruit, et donner ordre à votre portier de dire à tout le monde qu'on ne sait où vous êtes allé. A cette nouvelle, ceux qui ont prêté le million s'alarment, la frayeur les prend; d'abord ils proposent de perdre le tiers de leur dû. A cela, mot, point de réponse. Ils s'assemblent, ils vont, ils viennent, ils se tourmentent. A la fin, désolés de votre absence et ne sachant sur quoi se venger, ils font dire sous main qu'ils perdront les deux tiers, si on veut assurer l'autre. Ho! quand ils se mettent comme cela à la raison, on entre en pourparlers; on écoute, on négocie; et enfin, après un bon contrat bien et dûment homologué, vous revenez sur l'eau avec sept ou huit cent mille livres d'argent comptant, et tous vos meilleurs effets divertis. Un homme qui a cette prudence une seule fois en sa vie n'est-il pas pour jamais au-dessus de ses affaires? Voilà comme je parlerais à mon frère si j'en avais un.

PERSILLET.

Ah! monsieur de la Ressource, que vous êtes bien nommé, et que j'ai de grâces à rendre au ciel de m'avoir adressé un homme de votre probité et de votre expérience!

ARLEQUIN.

Comment, monsieur, mon discours vous aurait-il ému?

PERSILLET.

Il a fait bien plus, il m'a tellement persuadé, que je crois qu'un bon père de famille est obligé en conscience de faire banqueroute au moins une fois en sa vie, pour l'avantage de ses enfants. Il n'y a point à cela de milieu. Allons, touchez là, il est trop juste de vous donner le tiers des sommes que vous me faites prêter. (*Ils se lèvent.*)

ARLEQUIN.

Sur ce pied-là, vous allez avoir le million dans vingt-quatre heures.

PERSILLET.

Monsieur de La Ressource, le secret au moins, je vous en prie.

ARLEQUIN.

Il ne nous faut pas recommander cela. Jouez seulement bien votre rôle; et quand je vous enverrai quelqu'une de mes bonnes bourses, ne marquez aucun besoin d'argent, et surtout ne paraissez avoir aucune relation avec moi.

PERSILLET.

Laissez-moi faire.

ARLEQUIN.

Dans six semaines ou deux mois, vous conviendrez qu'une banqueroute et un coup d'épée dans l'eau ne sont quasi que la même chose.

PERSILLET.

Dieu vous en veuille ouïr! Du commencement, je croyais cet homme-là un fripon ; mais, ma foi, il faut lui remettre l'honneur sur la tête, et demeurer d'accord qu'il a de grandes lumières.... Ah! le bel esprit! (*Voyant que le notaire fait des civilités à un laquais.*) Hé fi, monsieur de La Ressource, vous moquez-vous de faire des civilités à ce coquin-là? Ce n'est qu'un laquais.

ARLEQUIN.

C'est pour cela que je prends mes mesures de loin. On ne sait pas ce que ces messieurs-là peuvent devenir un jour.

Citons encore la *scène du prêt*, où le notaire la Ressource amène à Persillet le Docteur, Pierrot et Scaramouche, des capitalistes, on disait alors des *créanciers*, vêtus de manteaux noirs qui leur traînent jusqu'à terre, et portant de grands crêpes aux chapeaux.

ARLEQUIN.

Vous ne trouverez pas mauvais, monsieur, que je vous présente les trois meilleurs amis que j'aie au monde et les trois plus riches hommes de Paris.

PERSILLET.

Que puis-je faire pour leur service? Monsieur, ayez la bonté de vous asseoir.

(*Ils se font des civilités, et puis s'asseyent.*)

LE DOCTEUR.

Monsieur, nous avons prié monsieur de La Ressource de vouloir nous introduire chez vous, pour vous demander une grâce que nous vous prions de ne nous pas refuser.

PERSILLET.

Si c'est chose possible, monsieur, comptez sur moi à coup sûr.

ARLEQUIN.

Ces messieurs ayant appris que vous vouliez marier mademoiselle votre fille, donner une charge considérable à monsieur votre fils, et acheter deux grandes maisons dans la Place Royale....

PERSILLET.

C'est ma femme qui a la manie d'avoir beaucoup de plain-pied ; car pour moi je me trouve assez bien logé. Mais dans le ménage il faut avoir de certaines complaisances ; et cent mille écus plus ou moins à une maison ne valent pas la peine de faire piailler une femme. (*Le maître d'hôtel apporte de l'orgeade.*)

ARLEQUIN.

Ces messieurs, comme je vous disais, ayant appris que vous vouliez pourvoir à toutes ces petites choses-là, viennent vous offrir un million ou douze cent mille livres, sachant bien que leur argent ne peut être plus sûrement placé.

PERSILLET.

Quant à la sûreté, elle y est tout entière. Mais je vous dirai en ami que j'ai encore quelque argent dans mes coffres, et que...

LE DOCTEUR.

Oh! monsieur, nous n'en sommes que trop persuadés.

UN LAQUAIS entre et dit à Persillet.

Monsieur Rabatjoie demande à vous parler.

PERSILLET.

Qui?

LE LAQUAIS.

Monsieur Rabatjoie, le syndic des fripiers.

PERSILLET.

Je me doute bien de ce que c'est. Il me rapporte peut-être les quarante mille francs que j'ai prêtés aux fripiers pour faire des habits de masques. Dites-lui qu'il revienne une autre fois et que je suis en compagnie.

LE DOCTEUR.

Mais, monsieur, que nous ne vous empêchions pas!

PERSILLET.

Voilà une plaisante bagatelle. Laquais, ne vous avisez jamais de me venir interrompre pour des gueuseries de cette nature-là. Allez, qu'il revienne demain.

ARLEQUIN se tournant vers le Docteur.

Ne vous ai-je pas bien dit que cet homme-là n'a que faire d'argent. (*Se tournant vers Persillet.*) Serai-je assez malheureux pour que vous refusiez la proposition que je vous fais?

PERSILLET.

Apparemment, messieurs, vous me croyez plus mal dans mes affaires que je ne suis.

LE DOCTEUR.

A Dieu ne plaise que nous ayons cette pensée-là!

ARLEQUIN.

On sait trop bien dans Paris que vous avez de l'argent

par-dessus les yeux, et qu'au lieu d'emprunter, vous prêtez à tout le monde : mais quelquefois, pour obliger, on se fait violence.

PERSILLET.

A la considération de ces messieurs, il n'y a rien que je ne fisse, mais....

ARLEQUIN.

Ah! point de *mais*, monsieur, s'il vous plaît; faites-nous cette amitié-là.

COLOMBINE entre.

Monsieur, c'est votre receveur de Cotteronde, qui demande quittance des quatorze mille francs qu'il vous a apportés ce matin.

PERSILLET.

Quoi! pas un pauvre moment de repos en toute une journée! Allez, ma mie, au premier payement qu'il me fera, je lui donnerai quittance.

(Colombine s'en va.)

LE DOCTEUR.

Quelle richesse d'homme!

PERSILLET.

Ça, messieurs, que voulez-vous de moi? En peu de mots, je vous prie, car il faut que je me rende au Bureau.

ARLEQUIN.

Ces messieurs vous conjurent de leur faire la charité de prendre leur argent et de leur en faire l'intérêt au denier vingt-cinq.

PERSILLET vers La Ressource.

Mais sont-ils solvables pour douze cent mille francs?

ARLEQUIN bas à Persillet.

Diable! monsieur, vous gâtez tout le mystère. C'est à eux à demander si vous êtes solvable. (*Haut à Scaramouche et au Docteur.*) Monsieur Persillet se divertit; il demande, messieurs, si vous le trouverez solvable pour douze cent mille francs.

LE DOCTEUR.

Faites-nous seulement la faveur de les prendre, et nous sommes trop contents.

ARLEQUIN.

Ma foi, monsieur, ils vous prient de trop bonne grâce pour les refuser.

PERSILLET.

Me le conseillez-vous, monsieur de La Ressource?

ARLEQUIN.

Si j'osais, je joindrais mes prières à celles de ces messieurs.

PERSILLET touchant dans la main de La Ressource.

N'en parlons plus, c'est une affaire faite. (*Se tournant vers Scaramouche et le Docteur.*) Messieurs, portez votre argent chez monsieur de La Ressource, faites dresser votre contrat et prenez vos sûretés.

ARLEQUIN.

Quel emploi souhaitez-vous que je donne à ces messieurs?

LE DOCTEUR.

Point, si vous ne voulez; monsieur est trop solvable.

PERSILLET.

Je n'abuserai pas, messieurs, de votre honnêteté.

(*A La Ressource.*) Mettez que c'est pour marier ma fille, donner une charge à mon fils, acheter deux maisons dans la Place Royale, et le surplus pour l'acquisition du duché de Heurtebise.

LE DOCTEUR.

En voilà trop, monsieur, en voilà trop. Le ciel vous comble pour jamais de prospérité et de joie!

PERSILLET.

Je ne ferais cela pour personne du monde; mais puisque vous le souhaitez et que monsieur de La Ressource m'en prie....

LE DOCTEUR.

Ah! monsieur, vous ne sortirez point.

PERSILLET.

Je ne vous laisserai pas là, messieurs.

LE DOCTEUR.

Hé, monsieur, de grâce!

PERSILLET.

C'est du temps perdu : je vous rendrai ce que je vous dois.

ARLEQUIN.

Retirons-nous vitement de peur d'être à charge.

PERSILLET revenant sur ses pas.

St, st, st, monsieur de La Ressource, dites-moi, je vous prie, d'où vient que ces messieurs-là sont en grand deuil?

ARLEQUIN bas.

C'est qu'ils portent leur argent en terre.

Un peu plus loin, en effet, nous voyons se jouer

la comédie de la banqueroute, suivant le programme de maître La Ressource. Le notaire, enchérissant même sur ce programme, propose aux créanciers de les transformer en *actionnaires* ; le mot n'y est pas, mais la chose y est :

ARLEQUIN aux créanciers.

Vous n'ignorez pas que plusieurs personnes ont entrepris d'amener à leurs dépens la rivière d'Ourq à Paris, dans la vue de vendre l'eau bien cher à ceux qui en ont besoin. Monsieur Persillet faisait état que cela lui vaudrait plus d'un million. Pour cela, il a fallu faire de grandes dépenses pour sa part, et il a avancé quatre cent mille livres, dont il se doit rembourser sur la première eau qui sera vendue. Et comme la presse sera grande, il m'a mis entre les mains des contrats de vente, le nom et la somme en blanc, pour les remplir quand il se présentera des marchands, jusqu'à la concurrence des quatre cent mille francs. Vous voyez bien que c'est de l'or en barre, et qu'il faut vitement nous en rendre les maîtres.

COLOMBINE.

Dans les déroutes il n'est que de sauver quelque chose.

LE DOCTEUR.

Qu'en dites-vous, monsieur de La Ressource ?

ARLEQUIN.

Ma foi, tout bien considéré, je serais d'avis de perdre les deux tiers pour sauver l'autre.

LE DOCTEUR.

C'est beaucoup perdre.

COLOMBINE.

C'est encore bien pis de ne rien avoir du tout.

ARLEQUIN.

Hé!... si l'eau se vend bien, comme je n'en doute pas, nous retirerons peut-être notre somme. Voyez, messieurs. Les plus habiles sont ceux qui savent perdre à propos.

LE DOCTEUR.

Faites donc comme pour vous, monsieur de La Ressource, et dressez le contrat. Nous allons le signer chez vous tout à l'heure.

Ceci est de la bonne comédie, mais de la bonne comédie française, entre Molière et Le Sage. Dans une amusante folie intitulée *Arlequin empereur dans la Lune,* œuvre du même Nolant de Fatouville, qui fut le principal fournisseur du théâtre italien de 1682 à 1687, la fantaisie est aussi ramenée à la critique très-directe de nos mœurs. Arlequin, soi-disant empereur de la Lune, prince des Brouillards, roi des Crépuscules, etc., est interrogé par le Docteur Balouard, Isabelle, Colombine, sur ce qui a lieu dans son lointain empire.

LE DOCTEUR.

Comme ma vieillesse ne me permet pas de suivre ma fille dans l'empire de la Lune, oserais-je demander à Votre Hautesse de quelle humeur sont ses sujets?

ARLEQUIN.

Mes sujets? Ils sont quasi sans défauts, parce qu'il n'y a que l'intérêt et l'ambition qui les gouvernent.

COLOMBINE.

C'est tout comme ici.

ARLEQUIN.

Chacun tâche de s'établir du mieux qu'il peut aux dépens d'autrui ; et la plus grande vertu dans mon empire, c'est d'avoir beaucoup de bien.

LE DOCTEUR.

C'est tout comme ici.

ARLEQUIN.

Croiriez-vous que dans mes États il n'y a point de bourreaux?

COLOMBINE.

Comment, seigneur, vous ne faites point punir les coupables?

ARLEQUIN.

Malepeste! fort sévèrement. Mais, au lieu de les faire expédier en un quart d'heure dans une place publique, je les baille à tuer aux médecins qui les font mourir aussi cruellement que leurs malades.

COLOMBINE.

Quoi, seigneur, là haut les médecins tuent aussi le monde? Monsieur, c'est tout comme ici.

ISABELLE.

Et dans votre empire, seigneur, y a-t-il de beaux esprits?

ARLEQUIN.

C'en est la source. Il y a plus de soixante et dix ans que l'on travaille après un dictionnaire qui ne sera pas encore achevé de deux siècles.

COLOMBINE.

C'est tout comme ici. Et dans votre empire, seigneur, fait-on bonne justice?

ARLEQUIN.

On l'y fait à peindre.

ISABELLE.

Et les juges, seigneur, ne s'y laissent-ils point corrompre?

ARLEQUIN.

Les femmes, comme ailleurs, les sollicitent. On leur fait parfois quelques présents. Mais, à cela près, tout s'y passe dans l'ordre.

LE DOCTEUR.

C'est tout comme ici. Seigneur, dans votre empire, les maris sont-ils commodes?

ARLEQUIN.

La mode nous en est venue presque aussitôt qu'en France. Dans les commencements, on avait un peu de peine à s'y accoutumer; mais présentement tout le monde s'en fait honneur.

COLOMBINE.

C'est tout comme ici. Et les usuriers, seigneur, y font bien leurs affaires?

ARLEQUIN.

Fi, au diable! je ne souffre point de ces canailles-là. Ce sont des pestes à qui on ne fait jamais de quartier.

Mais, dans mes grandes villes, il y a d'honnêtes gens, fort accommodés, qui prêtent sur de la vaisselle d'argent aux enfants de famille au denier quatre [1], quand ils ne trouvent point à placer leur argent au denier trois.

ISABELLE.

C'est tout comme ici... Et les femmes sont-elles heureuses, seigneur, dans votre empire ?

ARLEQUIN.

Cela ne se peut pas comprendre. Ce sont elles qui manient tout l'argent et qui font toute la dépense. Les maris n'ont d'autre soin que de faire payer les revenus et réparer les maisons.

COLOMBINE.

C'est tout comme ici.

ARLEQUIN.

Jamais nos femmes ne se lèvent qu'après-midi. Elles sont régulièrement trois heures à leur toilette ; ensuite elles montent en carrosse, et se font mener à la comédie, à l'opéra ou à la promenade. De là, elles vont souper chez quelque ami choisi. Après le souper, on joue, ou l'on court le bal, selon les saisons. Et puis, sur les quatre ou cinq heures après minuit, les femmes se viennent coucher dans un appartement séparé de celui du mari, en telle sorte qu'un pauvre diable d'homme est quelquefois six semaines sans rencontrer sa femme dans sa maison ; et vous le voyez courir les rues à pied, pendant que madame se sert du carrosse pour ses plaisirs.

---

1. C'est-à-dire à vingt-cinq pour cent.

TOUS, ensemble.

C'est tout comme ici.

Le théâtre italien de l'Hôtel de Bourgogne montre un goût tout particulier pour la peinture des coutumes locales : il donne des pièces sur les Promenades de Paris[1], sur les Bains de la Porte Saint-Bernard[2]. La première nous conduit au bois de Boulogne, aux Tuileries. Aux Tuileries, dans la grande allée, les coquettes se livrent à leurs manéges, aux savantes manœuvres de la stratégie galante : « Là, dit Colombine, il faut ne pas hasarder une démarche naturelle. Il faut parler toujours sans rien dire pour sembler spirituelle; rire sans sujet pour paraître enjouée ; se redresser à tout moment pour étaler sa gorge; ouvrir les yeux pour les agrandir, se mordre les lèvres pour les rougir ; parler de la tête à l'un, de l'éventail à l'autre ; donner une louange à celle-ci, un lardon à celle-là ; enfin, badiner, gesticuler, minauder[3]. » L'arrivée du printemps, qui amène le départ des officiers, jette le désarroi dans le monde des promeneuses, et les

---

1. *Les Promenades de Paris*, comédie en trois actes, par Mongin, 6 juin 1695.
2. *Les Bains de la Porte Saint-Bernard*, comédie en trois actes, par Boisfranc, 12 juillet 1696.
3. *Les Promenades de Paris*, acte II, scène IV.

force à se rabattre sur les robins et les petits collets fort peu demandés en hiver :

> Heureux les bourgeois de Paris,
> Quand le plumet court à la gloire !
> Du beau sexe ils sont tous chéris,
> Sans combattre ils chantent victoire ;
> Heureux les bourgeois de Paris !

L'été, les dames de Paris dirigent de préférence leurs promenades vers la Porte Saint-Bernard, c'est-à-dire sur les bords la Seine, où les Parisiens se changent en tritons, où les dames elles-mêmes se livrent au plaisir de la natation sous des tentes closes, où les bateliers offrent aux compagnies joyeuses leurs *bachots* pour aller aux Carrières, à l'Épée-Royale ou au Port-à-l'Anglais. Il y a grand monde sur la berge.

« On dirait, remarque Colombine, que là se tient le marché aux maris, comme celui aux chevaux se tient de l'autre côté. » Madame de la Ferdaindaillerie (Arlequin déguisé) approuve philosophiquement cette idée : « Il ne serait pas mauvais qu'il y eût à Paris un pareil marché aux maris. Ce sont des pestes d'animaux où l'on est plus trompé qu'à tout le reste de l'équipage. On irait là les examiner, on les mettrait au pas, à l'entre-pas, on les ferait trotter, galoper, et, sans s'amuser à la belle encolure qui souvent attrape les sottes, on ne prendrait que ceux qui ont bon pied, bon œil, et dont on pourrait tirer un bon service. Au moins devrait-on sur cette matière établir une chambre des assurances en faveur de ces veuves riches et surannées, qui mettent tout leur bien à l'aventure sur la cape et l'épée d'un jeune homme. Car c'est une chose étonnante, qu'on ne veuille prendre à son service un petit laquais sans répondant ; et qu'on fasse une affaire de cette importance, où l'on voit tous les jours tant de banqueroutes, sans avoir une bonne et solvable caution[1]. »

Evariste Gherardi rivalise avec Dancourt dans le croquis comique des folies, des rencontres et des aventures dont la prairie de Bezons était le théâtre le premier dimanche de septembre : à la *Foire de Bezons* jouée par les Français le 14 août 1695, succède, à l'Hôtel de Bourgogne, le 1er octobre de la même année, le *Retour de la Foire de Bezons;* le retour de cette fête était comme la *descente de la Courtille* de ce temps-là. Les Italiens ont l'initiative dans le tableau de la *Foire Saint-Germain;* Regnard et Dufresny tracent d'abord pour eux ce gai tableau, dont, un mois plus tard,

1. *Les Bains de la Porte Saint-Bernard*, acte III, scène II,

Dancourt essaye vainement, à la scène française, de contrebalancer le succès.

On voit si nous avions raison de dire que les comédiens italiens avaient fini par s'acclimater, par se naturaliser complétement chez nous. Ils étaient devenus plus Français que nous-mêmes.

Nous en avons donc fini, à proprement parler, avec la comédie italienne en France. Bornons-nous à constater comment le théâtre lui fut tout à coup interdit après un si long séjour.

Le mardi 4 mai 1697, M. d'Argenson, lieutenant-général de police, en vertu d'une lettre de cachet du roi à lui adressée, et accompagné d'un nombre de commissaires et d'exempts et de toute la robe courte, se transporta à onze heures du matin au théâtre de l'Hôtel de Bourgogne et y fit apposer les scellés sur toutes les portes, non-seulement des rues Mauconseil et Française, mais encore sur celles des loges des acteurs, avec défenses à ces derniers de se présenter pour continuer leurs spectacles, Sa Majesté ne jugeant plus à propos de les garder à son service. D'où venait cette soudaine et brutale mesure? On prétend que dans une pièce intitulée : *la Fausse Prude,* Mezzetin (Angelo Costantini) s'était permis des allusions satiriques à madame de Maintenon.

Il est probable que la verve toujours licencieuse et audacieuse de nos Italiens francisés paraissait de moins en moins tolérable, et qu'elle finit par être tout à fait en désaccord avec les rigueurs et les tristesses de la fin de ce siècle et de ce règne[1]. La scène italienne se releva à Paris, en 1716, sous le Régent; elle recommença alors une nouvelle et longue carrière.

C'est assez de ce trajet d'un siècle et demi que nous avons accompli. Il est temps d'en venir aux conclusions que nous avons eues principalement en vue en traçant cet aperçu historique, et de préciser ce que cet art exotique, après avoir si longtemps habité et vécu parmi nous, a transmis et pour ainsi dire infusé à la comédie de Molière et par conséquent à notre comédie française.

---

[1]. Voyez les *Annales de la Cour et de Paris* pour les années 1697 et 1698, par Sandras de Courtilz.

CHAPITRE XVII

CONCLUSION.

Nous venons de reconnaître toute une tradition comique qui précède immédiatement Molière et qui lui arrive de première main. Non-seulement les œuvres qu'elle avait produites figuraient certainement, et pour une grande part, dans les « deux cent quarante volumes de comédies, » que mentionne l'inventaire de sa bibliothèque ; mais il voyait, il fréquentait assidûment les artistes contemporains qui en étaient les représentants. Ils se trouvaient ensemble dans les résidences royales, participaient souvent aux mêmes fêtes, aux mêmes spectacles ; ils assistaient à de communs repas : « Molière, dit Palaprat, vivait dans une étroite familiarité avec les Italiens, parce qu'ils étaient bons acteurs et fort honnêtes gens. »

On s'explique parfaitement l'influence qu'un de ces théâtres eut sur l'autre. Si l'on a bien dans la mémoire l'ensemble des œuvres du comique français, on discerne sans peine l'élément important que lui a transmis la double veine, littéraire et populaire, de l'art italien; élément important, non par le fonds des idées satiriques et morales, mais par l'abondance des moyens d'expression; élément en quelque sorte matériel, artificiel, mis à la disposition du grand ouvrier. Nous avons passé en revue les pièces entières dont, à l'origine, il emprunte la trame : ainsi *l'Étourdi*, *le Dépit amoureux* dans toute sa partie romanesque, *Don Garcie*; probablement *Sganarelle* pour l'enchaînement des situations; *le Médecin volant*, parmi les essais de jeunesse. Plus tard, marchant de moins près sur les pas de ces précurseurs étrangers, il ne laisse pas de leur demander ce qu'il dédaigne ou néglige d'inventer : les nœuds de l'intrigue et les surprises du dénouement; par exemple, ces filles enlevées dans leur jeunesse qui retrouvent leurs parents à la fin du cinquième acte de *l'École des Femmes*, de *l'Avare*, des *Fourberies de Scapin*, viennent plus directement de la comédie italienne que de la comédie antique : celle-ci les avait léguées à celle-là, qui avait singulièrement grossi l'héritage.

Bien des personnages passèrent aussi d'une scène à l'autre, non les plus originaux, mais les plus actifs et les plus utiles : les Zanni, Mascarille, Scapin, Sbrigani, Pierrot; les soubrettes : Marinette, Lisette, Nérine, Dorine, Toinette. Les amoureux : Valère, Lélie, Horace, Léandre, ne perdirent que la terminaison italienne de leurs noms; il en fut de même des amoureuses, surtout de celles qui n'avaient point de physionomie très-caractérisée : Célie, Isabelle, Angélique, Lucinde, Zerbinette. Le Pédant apparaît à plusieurs reprises sur le théâtre de Molière. Les Anselme, les Géronte restent proches parents des Beltrame et des Cassandre. Il n'est pas jusqu'à la *Ruffiana* qui ne montre le bout de sa cornette, quand Frosine essaye de marier Harpagon à la belle Marianne. Et, sauf ce dernier type que le progrès de la décence publique fit supprimer définitivement, tous ces personnages jeunes ou vieux, maîtres ou valets, furent transmis par Molière à ses successeurs et se perpétuèrent sur notre scène classique.

Tout cela forme sans doute un fonds commun assez considérable. Mais ce n'est pas, à notre avis, dans cette sorte de *caput mortuum* qu'il faut découvrir et signaler le service le plus important que les Italiens rendirent au chef de l'école française. Ils lui apprirent surtout à donner un relief vigoureux aux idées comiques; ces incidents variés à l'infini, ces situations singulières, ces jeux de théâtre, ces pantomimes expressives, jusqu'à ces lazzi que les Italiens multipliaient et prodiguaient souvent sans autre but que l'action elle-même, Molière les employa avec réflexion. Il s'en servit pour révéler une préoccupation de l'esprit, un état de l'âme, un sentiment, une passion; pour faire éclater un caractère du premier mot et du premier geste.

Les expositions étaient généralement très-vives, très-brusques dans la comédie de l'art; Molière lui déroba ce secret. M. Rathery a comparé le début du fameux monologue d'Argan, le malade imaginaire, à l'entrée en matière de la Farce du Français logé à l'hôtellerie du Lombard¹ :

> Chinque per chinque, vinte chinque ;
> Sey per sey, trenta e sey ;
> Septe per septe, quaranta e nove ;
> Octo per octo, sexenta e quatre....
> Ho guadagnato in octo mesi
> Solamente à logiar Francesi
> A centanara de fiorini.

La différence est immense, sans contredit, entre les deux morceaux; l'un est aussi embryonnaire

---

1. *Del Franzoso aloggiato à l' osteria del Lombardo, Farsa di Giorgi Alione* (1624).

que l'autre est admirablement développé; mais la formule est la même. Et ce sont, pour ainsi dire, des formules comiques que Molière emprunte aux Italiens, sauf à centupler la valeur de ce qu'il emprunte par le parti qu'il en tire, par l'usage qu'il en fait.

Nous avons précédemment signalé, dans la pièce d'*il Ritratto* des *Gelosi*, ce trait d'une lettre de Flaminia que le Docteur, son mari, remet tout en colère à Flavio, croyant que c'est ce jeune homme qui l'a écrite, et se faisant ainsi le messager des amants qui le trompent. C'est exactement la ruse qu'imagine Isabelle, dans *l'Ecole des Maris*, pour faire parvenir un billet à Valère. Mais combien le stratagème devient plus piquant, employé par une jeune fille prisonnière !

Vous vous rappelez cette entrée en scène du *Dépit amoureux,* lorsque Mascarille vient trouver Albert et que celui-ci, à chaque parole, lui tourne le dos avec brusquerie.

ALBERT.

. . . . Oh ! oh ! qui te peut amener, Mascarille ?

MASCARILLE.

Je viens, monsieur, pour vous donner Le bonjour.

ALBERT.

Ah! vraiment, tu prends beaucoup de peine :
De tout mon cœur, bonjour.

(Il s'en va.)

MASCARILLE.

La réplique est soudaine.
Quel homme brusque !

(Il heurte.)

ALBERT.

Encor?

MASCARILLE.

Vous n'avez pas ouï,
Monsieur.

ALBERT.

Ne m'as-tu pas donné le bonjour?

MASCARILLE.

Oui.

ALBERT.

Hé bien! bonjour, te dis-je.

(Il s'en va, Mascarille l'arrête.)

MASCARILLE.

Oui; mais je viens encore
Vous saluer au nom du seigneur Polidore.

ALBERT.

Ah! c'est un autre fait. Ton maître t'a chargé
De me saluer?

MASCARILLE.

Oui.

ALBERT.

Je lui suis obligé.
Va, que je lui souhaite une joie infinie.

(Il s'en va.)

MASCARILLE.

Cet homme est ennemi de la cérémonie.

La scène est traduite mot à mot de l'italien ; cette brusquerie est du caractère et du rôle de Beltrame. Dans la comédie de Molière, elle a une tout autre portée que dans *l'Inavertito,* parce qu'elle trahit les craintes et les remords du vieillard qui a sur la conscience un acte d'improbité.

Un exemple encore, car c'est là ce qu'il importe le plus de faire bien ressortir : dans un canevas fréquemment joué au temps de Molière, *le Case svaligiate* (les Maisons dévalisées), Scapin faisait remarquer à Flaminia, qui était aimée de Pantalon, le diamant que celui-ci avait au doigt. Flaminia l'admirait ; Scapin le prenait afin qu'elle pût le voir mieux, le lui montrait de près, puis l'assurait que Pantalon la suppliait de l'accepter. Pantalon n'osait dire le contraire, quelque envie qu'il en eût. Molière s'empare de cette idée, il l'introduit dans *l'Avare.* C'est Cléante qui fait un présent à sa maîtresse aux dépens de son père ; c'est Harpagon qui est obligé d'abandonner sa bague. On voit si l'intérêt de la scène s'accroît prodigieusement !

Molière recourait tout naturellement aux Italiens, à ces artistes turbulents, lorsqu'il avait besoin d'accélérer le mouvement d'une pièce ; c'est ainsi que, dans cette comédie de *l'Avare*, peinture d'un vice qui se soutient difficilement au théâtre, il mit à contribution cinq ou six canevas de la *commedia dell'arte*. Le mouvement, c'est là, comme nous l'avons dit en commençant cette étude, ce que le théâtre italien enseignait, communiquait à Molière. C'est aux endroits où son théâtre s'anime davantage, que les commentateurs ont d'ordinaire à constater quelque imitation, à signaler quelque rapprochement.

Ainsi, lorsque les personnages se cherchent à tâtons dans la nuit noire, se prennent les uns pour les autres, et que Lubin, croyant avoir affaire à Claudine, révèle à George Dandin la trahison d'Angélique, nous sommes en plein sur le terrain de la comédie italienne ; ces jeux nocturnes, ces échanges, ces méprises abondent dans les canevas des *Gelosi*.

Les importuns qui se jettent à la traverse d'Éraste allant à un rendez-vous amoureux, et dont Molière a fait la galerie satirique des Fâcheux, sortent aussi de la *commedia dell'arte*.

Les enfants qui se pressent, en criant : Mon papa ! mon papa ! autour de M. de Pourceaugnac, avaient auparavant persécuté Arlequin, lequel leur échappait, comme le gentilhomme de Limoges, en se déguisant en femme.

Les Fourberies de Scapin, cette composition d'une vivacité si entraînante, est italienne dans la plupart de ses détails. La fameuse scène de la galère, que Molière emprunta à Cyrano de Bergerac, se trouve dessinée déjà dans un des canevas de Flaminio Scala : dans ce canevas intitulé *il Capitano*, Pedrolino, afin d'arracher à Pantalon l'argent dont Oratio, fils de Pantalon, a un besoin pressant, vient lui raconter que ce fils est tombé entre les mains des bandits et mis à la rançon de cent écus. On peut supposer que les *Gelosi* n'étaient pas sans exploiter plaisamment cette situation. La scène excellente des aveux de Scapin, au deuxième acte de la même pièce, est aussi de la pure comédie de l'art. *Les Fourberies de Scapin* ont la marche aussi alerte, l'allure aussi dégagée que *l'Étourdi;* elles ont la même origine que les fourberies de Mascarille, et par elles la dernière période de la carrière de Molière vient se rattacher à son commencement.

Molière ne se ralentit pas jusqu'au dernier jour; il n'aurait pu, à dire vrai, écouter les conseils de Boileau, rester dans la haute comédie, sans compromettre la prospérité de son théâtre. Le voisinage des acteurs italiens le tenait en haleine, l'obligeait à revenir toujours à l'action rapide. Il fallait peu de chose pour que la foule lui préférât les mimes et les sauteurs avec qui il partageait la salle du Palais-Royal. Scaramouche étant resté absent l'espace de trois années, de 1667 à 1670, sa rentrée attira un tel concours de monde que, les jours où Molière jouait, la salle était déserte; et ce n'est que le *Bourgeois gentilhomme* qui ramena le public.

Les innombrables créations que le théâtre italien avait accumulées depuis près de deux siècles, les inventions de la *commedia dell' arte* surtout facilitèrent sa tâche et aidèrent à son génie. Les dominant par la forte éducation qu'il avait, comme tous ses contemporains, puisée chez les grands maîtres de l'antiquité, il put se servir de ce qu'il avait sous la main, en restant toujours supérieur. On a dit que les conquêtes légitimes étaient celles des peuples parvenus à la civilisation sur les peuples encore barbares qu'ils font participer à leurs lumières et à leurs progrès. Il en est de même, en quelque sorte, dans les arts. On n'a le droit de s'enrichir des dépouilles d'autrui, d'être hardiment imitateur, qu'à la condition d'être de beaucoup au-dessus de ceux que l'on imite, et de les vivifier et grandir eux-mêmes, pour ainsi dire, en les dépouillant.

Toute cette tradition comique, qui semblait ne rien produire que d'éphémère, ne fut ainsi ni inutile ni perdue; et Molière, en la faisant contribuer à son œuvre, fit rejaillir sur elle un peu de l'éclatante lumière dont celle-ci est éclairée. Derrière lui, on cherche maintenant à distinguer les représentants de cette tradition. On ne dédaigne pas de vérifier les titres qu'ils prétendent à la renommée. Et c'est justice de ne pas accorder toute la gloire à ceux qui recueillent la moisson, et d'en réserver quelque petite part à ceux qui ont préparé et semé le champ.

Les études comme celle que nous terminons ont l'avantage de nous apprendre à n'être point trop injustes pour les temps qui, au premier coup d'œil, paraissent stériles; on découvre, grâce à elles, qu'ils ont eu aussi leur travail et leur fécondité. Elles apprennent encore à ne point désespérer d'une époque parce qu'elle n'enfante point des œuvres artistiques ou littéraires de premier ordre : elle les ébauche, elle les rend possibles, elle les prépare peut-être. La comédie erre longtemps, cherche et s'égare et se compromet à travers mille tentatives et mille aventures, se mêlant sur les tréteaux aux bouffonneries les plus grossières, avant de rencontrer le souverain artiste qui sache la fixer et la maîtriser, qui la retire de la cohue où elle se cache, qui la place sur un trône et lui élève un palais digne d'elle.

Quoique les productions sans nombre que nos théâtres voient éclore chaque année, n'offrent pas, en général, les conditions d'une longue durée, qui sait pourtant si les éléments comiques qu'elles renferment sont destinés à périr à jamais? Au milieu de cette herbe folle, il se trouve bien des germes qui pourront fructifier un jour. Dans toute littérature dramatique, il y a une part caduque, tout actuelle, ne pouvant guère survivre au jour qui l'a vue naître; et il y a une part immortelle que nous n'entrevoyons que vaguement, tant l'intérêt présent nous occupe. Quelque autre Molière viendra peut-être, qui, dominant de son regard ce vaste travail inégal et confus qui se fait aujourd'hui, en sauvera ce qui mérite d'être sauvé et l'emploiera dans son œuvre.

L'humanité n'a pas dit son dernier mot; sur notre sol ou dans d'autres régions, un grand siècle littéraire succédera aux grands siècles littéraires du passé. Nous savons du moins, par l'expérience des âges écoulés, que tout ce qui se fait dans l'intervalle nous y achemine. L'homme de génie, représentant d'une époque privilégiée, est le seul, d'un groupe nombreux, qui atteigne au sommet de la montagne; mais ceux qui le précèdent, qui le soulèvent et le portent dans cette laborieuse ascension, et qui demeurent en route, concourent à son succès et associent leur mémoire à la sienne.

TEXTES ET DOCUMENTS

I. — Page 60.

Les *Gelosi* ne sont pas sans doute, ainsi que nous l'avons dit, la première troupe d'artistes italiens qui visitèrent la France. A Lyon, d'abord, où il y avait une nombreuse et opulente colonie italienne, les comédiens d'Italie étaient accourus d'ancienne date ; tous les historiens décrivent notamment la magnifique représentation de *la Calandra*, qui eut lieu devant Henri II et Catherine de Médicis, en 1548. Nous avons cité la troupe de Ganassa, qui fit, à ce que l'on croit, connaître à Paris le premier *Tabarino* et le premier *Pagliaccio*. Les *Comici Confidenti*, avec leur célèbre actrice Maria Malloni *detta Celia*, étaient aussi venus en France un peu avant les *Gelosi*. Il suffit de se rappeler ce que dit Brantôme du goût de Catherine de Médicis pour les spectacles de la *commedia dell'arte* (Voyez ci-dessus page 33), pour qu'on ne doute pas que l'apparition des artistes italiens parmi nous dût suivre de près le mariage de cette princesse et devenir, dès lors, de plus en plus fréquente. Mais les troupes italiennes n'ont laissé que peu de traces sur notre sol jusqu'aux *Gelosi*. Ceux-ci, au contraire, y ont laissé des traces bien distinctes; on possède sur eux un ensemble de renseignements qui permet de se rendre compte des représentations qu'ils donnaient. Le recueil de Flaminio Scala met sous nos yeux une partie de leur répertoire.

Voici la liste des cinquante canevas que contient ce recueil :

1. *Li Due vecchi gemelli, comedia.*
2. *La Fortuna di Flavio.*
3. *La Fortunata Isabella.*
4. *Le Burle d'Isabella.*
5. *Flavio tradito.*
6. *Il Vecchio geloso.*
7. *La Creduta morta.*
8. *La Finta pazza.*
9. *Il Marito.*
10. *La Sposa.*
11. *Il Capitano.*
12. *Il Cavadente.*
13. *Il Dottor disperato.*
14. *Il Peregrino fido.*
15. *Lo Specchio.*

16. *Li Due capitani simili.*
17. *Li Tragici successi.*
18. *Li Tre fidi amici.*
19. *Li Due fidi notari.*
20. *Il Finto negromante.*
21. *Il Creduto morto.*
22. *Il Porta-lettere.*
23. *Il Finto Tofano.*
24. *La Gelosa Isabella.*
25. *Li Tappeti Alessandrini.*
26. *La Mancata fede.*
27. *Flavio finto negromante.*
28. *Il Fido amico.*
29. *Li Finti servi.*
30. *Il Pedante.*
31. *Li Due finti Zingani.*
32. *Li Quattro finti spiritati.*
33. *Il Finto cieco.*
34. *Le Disgrazie di Flavio.*
35. *Isabella astrologa.*
36. *La Caccia.*
37. *La Pazzia d'Isabella.*
38. *Il Ritratto.*
39. *Il Giusto castigo.*
40. *La Fortunata prencipessa, tragedia.*
41, 42. *Gli avvenimenti comici, pastorali e tragici, opera mista.*
43. *L'Alvida, opera regia.*

44. *Rosalba incantatrice, opera heroica.*

45. *L'Innocente Persiana, opera reale.*

46, 47, 48. *Dell'Orseida, opera reale, parte* , II, III.

49. *L'Arbore incantato.*

50. *La Fortuna di Foresta, prencipessa di Moscou, opera regia.*

II. — Page 75.

La dernière scène du *Vecchio geloso* revient sur l'aventure dont Pantalon a été la victime, et en tire le dénouement par un moyen des plus singuliers et des plus hardis :

« Pasqualina fuggendo da Gratiano il qual la vuole abbracciare, Burattino si pone in mezzo ; Pasqualina racconta come Gratiano gli ha tolto l'honore per forza ; Gratiano si scusa con dir' d'esser stato tradito e che non puo parlare per all'hora, ma che ne fara vendetta. Burattino domanda à Pantaleone se, Gratiano havendo usato con sua moglie (Pasqualina), egli puo esser chiamato becco. Pantaleone dice di si. All'hora Burattino, udendo cio, dice : « Signor Pan-
« taleone, sappia vostra signoria ch' io non son solo,
« ma che vi sono degli altri becchi, e non molto lon-
« tano : e di volerli raccontare quello che è interve-
« nuto ad un suo conoscente ; e narra come, ritro-

« vandosi in villa un vecchio geloso con sua moglie,
« alla quale faceva vigilantissima guardia, avvenne
« che un giovane, che di lei innamorato viveva, ne
« sapendo come goderla, trovo modo, col mezzo d'un
« suo servitore, d'esser chiamato da un suo amico
« lontano da casa sua un qualche due miglia, e cosi
« presa licenza ando à nascondersi in casa d'una
« donna sua amica, aspettando quivi l'occasione e
« l'ordine con la donna dato. Nacque in quel mentre
« voglia alle fanciulle della villa di voler ballare, e
« cosi fatta bellissima radunata di donne e d'huo-
« mini ballarini, cominciossi il ballo al suono di bo-
« nissimo stromento : e, ballatosi alquanto, la moglie
« del detto vecchio geloso finge col marito di volere
« un suo servitio fare, alle cui parole trovandosi pre-
« sente la donna, che la casa al suo amante prestata
« haveva, con licenza del marito in casa sua la con-
« dusse. Et in bracchio dell' amante la pose : in
« tanto il buon vecchio, per la gelosia che della sua
« moglie haveva, alla porta si pose, et à tutti quelli
« che intrar volevano, à tutti diceva che à disturbar
« sua moglie non andassero, poich' ella un suo ser-
« vitio faceva. Finito che hebbe l'accorta moglie il
« suo amoroso lavoro, sene usci fuora di casa tutta
« suddata per la fatica che fatta haveva, e dal suo
« pietoso marito li fu detto che, quando mai piu li
    venissero simili voglie, che se le cavasse e non
« stesse à patiri, e asciugandole il sudore dal volto

« l'accarezzava. » Pantaleone, sentendo il fine cadere in suo pregiudicio, subito gridando dice d'esser tradito et assassinato da sua moglie. Oratio all'hora li dice che non lui, ma sua moglie esser l'assassinata, poichè egli godendola l'ha ritrovata donzella, e come egli l'assassinava non usando seco, per esser egli impotente. Pantaleone, vedendosi discoperto, confessa il vero, contentandosi che Isabella sia sua moglie, cosi si fanno le nozze d'Oratio con Isabella. »

III. — Page 104.

L'*Emilia* de Luigi Groto est une imitation de l'*Epidicus*. Elle fut publiée pour la première fois en 1579, et jouit d'une longue réputation. Il en parut une édition avec une traduction française en regard du texte italien, à Paris, chez Matthieu Guillemot, en 1609.

En voici le sujet en quelques mots : Chrisoforo (*Epidicus* de Plaute), valet de Polipo (*Strattippoclès*), jeune soldat, fils d'un père opulent, a été chargé par son maître, qui est allé au siége de Nicosie, en l'île de Chypre, d'acquérir par tous moyens Flavia, esclave d'un marchand d'esclaves nommé Arpago. La scène se passe à Constantinople. Chrisoforo sait que le père de son jeune maître, le vieillard Polidoro, maintenant veuf de son épouse légitime, a toujours une première femme et une fille qu'il a laissées autrefois à Nicosie, et que cette fille, nommée Émilia, doit bien avoir à présent une vingtaine d'années. Le valet n'imagine rien de mieux, pour exécuter l'ordre de son maître que de faire passer Flavia pour cette Émilia, et d'arracher au père qui n'a jamais vu sa fille l'argent nécessaire à la rançon de l'esclave. C'est ce qu'il fait, et il installe Flavia dans la prétendue maison paternelle.

Polipo revient du siége de Nicosie, mais il a oublié Flavia. Il aime une jeune fille qui, prise en Chypre, est emmenée en captivité. C'est celle-ci qu'il a promis de racheter, et pour laquelle il lui faut immédiatement de l'argent qu'il charge Chrisoforo de lui trouver.

Chrisoforo s'avise de persuader au vieillard que son fils est amoureux d'une courtisane, laquelle est aimée en même temps du capitaine Fracassa. Il lui propose de faire une bonne affaire en achetant la courtisane, qu'il reviendra, avec bénéfice, à Fracassa, et d'éloigner de la sorte celle qui est un danger pour son fils.

Toutes ces fourberies se découvrent. Lucida, la mère d'Émilia, arrive elle-même de Chypre. Polipo apprend que la captive est sa sœur. « Tu as acheté ma maîtresse sous couleur qu'elle fût ma sœur, dit-il à son valet, et j'ai acheté ma sœur croyant acheter une maîtresse. » Polipo revient donc à Flavia, qui lui a montré de la tendresse et du dévouement, et qui se trouve être la fille d'un voisin et ami de Polidoro. Emilia épouse un compagnon de Polipo, chez qui elle a été logée ; remarquez que cette héroïne ne paraît pas dans la pièce. Enfin Chrisoforo, malgré toutes ses fourberies, triomphe, et lui aussi se marie avec une suivante de Lucida ; Lucida devient la femme légitime du vieux Polidoro, ce qui ne fait pas moins de quatre mariages au dénoûment.

Chrisoforo, comme Epidicus, est récompensé, au lieu d'être puni suivant ses mérites. On pourrait toutefois trouver que leur destinée n'est point la même, puisque Epidicus gagne par son astuce la liberté, et que Chrisoforo, au contraire, engage la sienne ; ce qui, aux yeux de quelques-uns, pourrait rétablir les droits de la morale qu'on a tant accusé Plaute d'avoir méconnus.

IV. — Page 141.

Voici la traduction que M. Ch. Magnin a faite des deux premiers sonnets du *Teatro celeste* de Giov.-Batt. Andreini.

Le premier est composé en l'honneur de Saint-Genest, qui devait bientôt être plus dignement célébré par la tragi-comédie de Rotrou :

« Tandis que Genest, sur la scène antique, mêle à la cythare d'or les accents des théâtres d'Orphée, les hommes attentifs semblent de marbre, et toutes les sirènes se taisent comme endormies.

« Mais au moment où, comme un dragon farouche, il va lancer sa morsure contre le baptême, Dieu émousse sur ses lèvres l'altière dérision, et, puissant correcteur, refrène sa témérité impie.

« Comme l'avide guerrier de Tarse, renversé de son cheval, se releva touché de repentir et ne désirant que la croix avec le Christ, ainsi Genest, au moment où il va se jouer du baptême, a reconnu son erreur véritable dans des eaux feintes. Tout dans le début était infernal; tout est divin dans le dénoûment. »

Le second sonnet est adressé à Saint-Sylvain, autre comédien converti :

« Scènes, quittez vos antiques honneurs ! Ne vous enorgueillissez plus de vos parures d'or, ni de vos pierres précieuses ! Les herbes recouvrent maintenant vos grandeurs; votre antique beauté n'est plus qu'une horrible misère.

« L'éternité, cette incessante ouvrière, réserve ses trésors pour les théâtres du ciel. Là s'épanouit la fleur, là reverdissent les gazons; là, pour musiciens, on a les chœurs des anges. C'est à la clarté de la lune et du soleil que le poëte en trois personnes fournit le sujet sublime. Les spectateurs sont l'assemblée des bienheureux.

« Voyez-vous ce comédien qui tresse des palmes avec une pieuse et ineffable grâce, c'est Sylvain, le nouvel hôte des forêts du ciel (*Selvano... selvé*). »

Le jeu de mots qui termine ce second sonnet est intraduisible.

V. — Page 170.

Nous pouvons donner une idée du talent poétique d'Aurelia. Elle mit le sonnet suivant au bas d'un portrait en vers, qu'elle adressait à la signora Isabella C..., qui peignait parfaitement et qui avait fait le portrait de la comédienne :

> Voi col penello il mio ritratto fate,
> Et io con la mia penna formo il vostro ;
> Voi stemprate i colori et io l'inchiostro ;
> Io carta adopro, e voi tela adoprate.
>
> Voi mi pingete bella e mi adulate ;
> Io non vi adulo e il vostro bel dimostro ;
> Voi fingete di me l'avorio e l'ostro ;
> Io non fingo di voi le glorie ornate.
>
> Dunque cedete à me ne la disputa :
> Io verdadiera sono, e voi mendace,
> Ben che maggior di spirto e molto acuta.
>
> Poësia è una pittura ch' è loquace,
> E se pittura è poësia ch'è muta :
> Merta fede chi parla, e non chi tace.

VI. — Page 268.

EXTRAIT DES COMPTES DE LA COUR, POUR L'ANNÉE 1670.

État de la dépense faite pour la comédie-ballet intitulée *le Bourgeois gentilhomme*, dansée à Chambord au mois d'octobre dernier, et pour la répétition faite à Saint-Germain au mois de novembre suivant[1], auquel état est jointe la dépense de quelques comédies représentées à Versailles pendant ledit mois de novembre 1670.

	livres.	sous.
A Baraillon, tailleur.	5108	»
A Fortier, tailleur.	3571	»
Au sieur Lulli et à la demoiselle Hilaire, pour leurs habits.	900	»
Aux comédiens de la troupe du Palais-Royal, pour leurs habits.	4400	»
A Dufour, pour la fourniture des bas.	1177	»
A Detienges, pour la fourniture des rubans.	535	»
A la veuve Vaignard, pour masques, mannes, cadenas et autres ustensiles.	1835	»

1. Il y eut quatre représentations à Chambord et trois à Saint-Germain. Voyez notre édition des *Œuvres de Molière*, tome VI, page 112.

	livres.	sous.
A Ducreux, pour les perruques, barbes, etc.	687	»
A Rabache, pour six perruques de crin.	76	»
A Lenoir, plumassier, pour les plumes.	603	1
A Blanchard, pour les gants.	89	16
A Brécourt [1], pour la fourniture des pierreries.	220	»
A Balard, imprimeur, pour les livres.	1022	»
Pour les escarpins des danseurs.	420	»
Pour les logements des danseurs, musiciens et concertants, pour la répétition du ballet de Chambord à Saint-Germain, et pour une nuit à Saint-Dier.	535	10
Pour toutes les nourritures, tant pour le voyage de Chambord que pour la répétition du ballet à Saint-Germain, et pour les comédies de l'Hôtel, à Versailles.	7916	10

(Dans lesquelles 7916 liv. 10 s. les comédiens du Palais-Royal, pour les nourritures et frais par eux faits, tant au voyage de Chambord qu'aux répétitions de Saint-Germain, entrent pour 3442 liv. 10 s.)

A Cordier, pour le pain, vin, verres, bois, viandes et fruits.	2355	»

---

1. Brécourt, alors acteur à l'Hôtel de Bourgogne, avait, paraît-il, le privilége de la fourniture des pierreries à toutes les troupes jouant à la cour.

	livres.	sous.
Pour la construction du théâtre fait à Chambord;—parties et quittance du sieur de Vigarani.	3075	»
Pour toutes les planches, solives, chevrons et autres bois fournis à Chambord pour les logements des comédiens, musiciens, concertants; pour une galerie pour habiller les danseurs, etc.	1578	2
Pour toutes les serrures à fermer les loges.	70	»
A Sauvage, pour la menuiserie faite à Saint-Germain.	266	8
A Ducreux, pour fourniture de 80 aunes de toile pour boucher les fenêtres des musiciens, comédiens, etc., et autres frais.	180	3
A Paysan, pour la poudre, pommade, y compris ses peines, celles de ses garçons, et les frais de leur voyage à Chambord.	210	»
Pour toutes les voitures généralement quelconques.	9998	»
Pour trois bannes qui ont servi à couvrir les charrettes où étaient les habits.	50	8
Pour tous les Suisses qui ont servi, tant à Chambord qu'à Saint-Germain, à garder les portes du théâtre.	153	»
Au sieur de Lulli, pour ses copistes, leur entretien et nourriture, la somme de.	800	»

	livres.	sous.
Pour les ports, rapports et entretiens d'instruments....................	196	»
Pour les dessins et peines du sieur Gissez........................	483	»
Pour les peines d'avertisseurs, huissiers et autres gens nécessaires......	300	»
Aux concierges de Chambord et de Saint-Germain, à raison de 100 liv. chacun...	200	»
Pour tous les menus frais imprévus, suivant le mémoire ci-attaché........	405	»
Somme totale du contenu au présent état......................	49,404	18

Nous, Louis-Marie d'Aumont de Rochebaron, duc et pair de France, premier gentilhomme de la chambre du roi, certifions avoir ordonné la dépense contenue au présent état, et l'avoir arrêtée pour Sa Majesté à la somme de quarante-neuf mille quatre cent quatre livres dix-huit sous.

A Paris, le..... février 1671.

Signé : le duc D'AUMONT.

Enregistré au contrôle général de l'argenterie par moi, intendant et contrôleur général de ladite argenterie, et des menus plaisirs et affaires de la chambre de Sa Majesté, les jour et an de l'autre part.

Signé : BOILEAU.

VII. — Page 283.

Liste des canevas de Dominique analysés par Gueulette dans l'*Histoire de l'ancien théâtre italien*, et appartenant à la période antérieure à 1668 :

1. *Le Dopie gelosie* (la Double jalousie).
2. *I Morti vivi* (les Morts vivants).

Il existait sous ce titre une comédie de Sforza Oddi, l'auteur de *la Prigione d'Amore*, comédie qui fut imitée par Boursault. La pièce de ce dernier, *le Mort vivant*, fut jouée à l'Hôtel de Bourgogne en avril 1662.

3. *La Figlia disubediente* (la Fille désobéissante).
4. *Il Basilico di Bernagasso* (Bernagasse, ou le Dragon de Moscovie).

Bernagasso demande la charité à coups de bâton ; quand on lui donne un quart d'écu, il répond qu'un quart d'écu est capable de le faire tomber dans le désordre, et qu'il n'a besoin que d'un sou.

Bernagasso fait des souhaits : « Que le ciel vous envoie une pluie abondante de tous biens! » après chacun desquels Arlequin lui donne un sou. Arlequin l'engage comme domestique.

Bernagasso et la gouvernante refusent, l'un d'apporter du bois, l'autre de laver les plats, l'un de vider le baquet, etc., et viennent se plaindre l'un de l'autre à Arlequin, qui répond : « Allez, allez ; je le porterai, — je les laverai, — je le viderai. »

Bernagasso met en fuite Cintio et ses spadassins. Arlequin, pour le récompenser, lui donne sa nièce et lui cède, par acte notarié, sa maison ; Bernagasso lui donne des coups de bâton, et veut le mettre à la porte. Arlequin déchire l'acte, s'empare du bâton et met Bernagasso à la porte à son tour.

5. *I Tre ladri scoperti* (les Trois voleurs découverts).

On y remarque le rôle du capitan Spezzafer. « On prétend, dit Arlequin, que vous avez fait mentir le proverbe, qui dit que la chemise est plus proche de la chair que l'habit, en ne portant point de chemise. » Le capitan avoue que c'était autrefois sa coutume, parce qu'alors, comme il était extrêmement irritable, aussitôt qu'il se mettait en colère, le poil qu'il avait abondamment sur tout le corps, étant aussi velu qu'Hercule, se dressait, perçait sa chemise de toutes parts, et y faisait tant de trous, qu'on l'aurait prise pour une écumoire. Mais il ajoute que depuis quelque temps, s'étant fort modéré et ne craignant plus le même inconvénient, il porte du linge comme tous les autres.

6. *Il Lunatico* (le Lunatique).

7. *Ohimè il cuòre!* (le Cœur me fait mal).

8. *Il Barone tedesco* (le Baron allemand).

9. *I Quattro Arlecchini* (les Quatre Arlequins):

10. *La Zerla* (la Hotte).

11. *Il Medicino volante* (le Médecin volant).

12. *I Tre Finti Turchi* (les Trois feints Turcs).

13. *Non vuol rivali amore* (l'Amour ne veut point de rivaux).

14. *I Due Arlecchini* (les Deux Arlequins).

15. *L'Innocente travagliata* (l'Innocente persécutée).

16. *I Tappeti* (les Tapis).

17. *Le Case svaligiate* (les Maisons dévalisées).

18. *Il Convitato di pietra* (le Convive de pierre).

19. *Arlecchino creduto principe* (Arlequin cru prince).

20. *Arlecchino ladro, sbirro e giudice* (Arlequin larron, prévôt et juge).

21. *L'Impegno d'un acaso* (les Engagements du hasard), tiré de la pièce de Calderon, *Croire ce qu'on ne voit pas et ne pas croire ce qu'on voit*, où Douville a pris le sujet des *Fausses Vérités*.

22. *Il Servo-padrone* (le Maître-valet). C'est la même intrigue que celle de la pièce de Scarron.

A partir de 1668, nous voyons les pièces suivantes composées en France :

1. *Il Regallo delle Damme* (le Régal des Dames), 2 mai 1668.

2. *Il Teatro senza commedie* (le Théâtre sans comédie), par Cintio, juillet 1668.

3. *Il Remedio à tutti mali* (le Remède à tous maux), par Cintio, septembre 1668. On y remarque la chanson à boire, ayant pour refrain :

>Toque, choque, toque,
>Choque bien
>Ton grand varre,
>Piarre,
>Contre le mien !

4. *Le Metamorfosi d'Arlecchino* (les Métamorphoses d'Arlequin), par Cintio, mars 1669.

5. *Il Soldato per vendetta, o Arlecchino soldato in Candia* (le Soldat par vengeance, ou Arlequin soldat en Candie), par Cintio, mai 1669.

6. *Il Mondo alla roversa* (le Monde renversé), probablement de Cintio, juillet 1669. On peut comparer ce canevas avec *Crispin rival de son maître*, de Le Sage.

7. *Il gentilhuomo campagnard*, du Docteur Lolli, janvier 1670.

8. *Arlecchino spirito folleto* (Arlequin esprit follet), par Cintio, mars 1670.

9. *Le Collier de perles*, par M. Girardin, juillet 1672.

10. *Arlecchino creato re per ventura* (Arlequin roi par hasard), novembre 1672. On y apercevrait aujourd'hui des intentions satiriques passablement audacieuses.

11. *Agiunta al Convitato di pietra* (Adjonctions ou Additions au Convive de pierre), février 1673. C'est dans cette pièce que le gagiste Giraton créa le rôle de Pierrot, dont il resta en possession.

12. *Arlequin soldat et bagage*, juillet 1673. Il y a une grossière rédaction de cette pièce en vers français dans le *Supplément du Théâtre italien*, tome II, Bruxelles, 1697.

13. *Le Baron de Fœneste*, 10 janvier 1674.

14. *Le Triomphe de la médecine*, 14 mai 1674.

15. *A fourbe, fourbe et demi*, de Cintio, 18 octobre 1674.

Voici maintenant un certain nombre de canevas qui ont date certaine entre cette dernière pièce, analysée par Gueulette, et l'époque où commence le Recueil de Gherardi.

La Propreté ridicule, en juillet 1678.

La Magie naturelle, ou la Magie sans magie, en décembre 1678.

Le Combat à cheval, comédie italienne, représentée à Fontainebleau le 18 mai 1680.

Eularia, muette par amour, représentée le 29 mai de la même année.

Les Quatre Scaramouches, représentée le 11 juin. C'était, sans doute, le pendant de la pièce des *Quatre Arlequins*, dont nous avons déjà parlé.

Le Deuil de Scaramouche et d'Arlequin, le 21 juin.

La Jalousie de Scaramouche et d'Arlequin, le 26 du même mois.

Les Juifs de Babylone, représentés le 1er juillet.

Arlequin, soldat déserteur, le 20 juillet[1].

Arlequin, vendangeur, en décembre 1681.

Arlequin, valet étourdi, représenté à Saint-Germain-en-Laye le 2 avril 1682.

Arlequin, dogue d'Angleterre, le 7 avril.

La Maladie de Spezzafer, le 1er mai.

Arlequin tombé dans le puits, le 15 juin.

Le Deuil d'Arlequin, le 21 juin.

Arlequin, juif, peintre et tailleur, le 24 juin.

Arlequin, cabaretier, turc et capitaine espagnol, représenté le 30 juin[2].

On peut constater, d'après les états des dépenses de la cour, que, pendant qu'elle séjournait à Saint-Germain, à Fontainebleau, il y avait comédie plusieurs fois la semaine, et que les Italiens à cette époque alternaient à peu près régulièrement, sur le théâtre de ces résidences royales, avec les troupes françaises ou avec la troupe française, quand il n'y en eut plus qu'une à partir du mois d'octobre 1680.

Le Recueil de Gherardi commence par *le Mercure galant*, de Fatouville, à la date du 22 janvier de

---

1. Comptes de la cour, pour l'année 1680.
2. Comptes de la cour, pour l'année 1682.

l'année 1682, et finit avec *les Fées*, de Dufresny et Biancolelli, au 2 mars 1697. C'est là ce qui constitue le répertoire authentique du Théâtre italien en France, jusqu'à la fin du dix-septième siècle. Un certain nombre d'autres pièces sont indiquées par Louis Riccoboni, dans la liste qu'il a placée en tête du *Nouveau Théâtre italien*, comme étant « très-anciennes. » Cette désignation en fait probablement remonter l'origine avant la clôture de 1697; mais n'a rien que d'indéterminé en ce qui pourrait concerner Molière, car nous voyons Riccoboni l'appliquer aux pièces de Cintio (Romagnesi) et à quelques-unes de celles que nous venons d'énumérer en dernier lieu.

VIII. — Page 337.

Ce qu'on a dit relativement à *la Fausse Prude* reçoit quelque vraisemblance du caractère fort impertinent dont Angelo Costantini (Mezzetin) a donné plus d'une preuve. Il suffit de rappeler les aventures qu'il courut après la clôture du Théâtre italien. Costantini partit alors pour l'Allemagne où il reçut des propositions d'Auguste Ier, roi de Pologne, qui le chargea de recruter une troupe. Mezzetin s'acquitta si bien de cette mission que le roi le nomma camérier intime, trésorier des menus plaisirs, et l'anoblit. Mezzetin, enhardi par ces faveurs, s'éprit de la favorite du roi et lui déclara son amour. Il ne s'en tint pas là, il railla son protecteur et en fit la caricature grotesque devant cette favorite. Le roi avait été averti de l'insolence du comédien ; et, caché, il le vit insulter la Majesté Royale ; il sortit de sa cachette le sabre à la main, et voulait tuer le traître. Mais il s'arrêta, en songeant qu'une telle exécution était indigne de lui ; il le fit arrêter et conduire au château de Konigstein.

Pour avoir joué cette dangereuse comédie, Mezzetin resta vingt ans en prison. Au bout de ce temps, une autre dame de la cour d'Auguste, qui, à cette époque, avait du crédit sur le cœur et l'esprit du roi de Pologne, engagea ce prince à visiter sa prison d'État. Elle fit venir Costantini, qui parut « avec une barbe qu'il avait laissée croître depuis sa détention. » Il se jeta aux pieds du roi ; mais, bien que la dame joignit ses supplications aux siennes, Auguste demeura inexorable. Toutefois, cette dame travailla si bien l'esprit du roi que, quelques mois après, Costantini fut mis en liberté, à condition de sortir immédiatement des États du prince rancunier.

Mezzetin était vieux alors, « presque sexagénaire. » S'il avait réellement, dans *la Fausse Prude*, occasionné par des allusions plus ou moins piquantes la suppression de la troupe à laquelle il appartenait, son humeur agressive joua plus d'un mauvais tour à cet acteur.

Voici un trait de lui qui n'est que plaisant et spirituel : il appartient à la période de 1683 à 1697, où Mezzetin jouait à Paris ; il est ainsi raconté dans l'*Histoire de l'ancien Théâtre italien* : « Mezzetin avait dédié une pièce à M. le duc de Saint-Aignan, qui payait généreusement les dédicaces. Dans le dessein de recevoir la récompense qu'il espérait, il se rendit un matin chez le duc ; mais le suisse, se doutant du sujet de sa visite, ne voulut point le laisser entrer. Mezzetin, pour le toucher, lui offrit le tiers de la récompense qu'il recevrait de son maître, et passa au moyen de cette promesse. Il rencontra sur l'escalier le premier laquais, qui ne fut pas moins intraitable que le suisse ; Mezzetin lui promit l'autre tiers, et il fut introduit dans l'appartement. Il y trouva le valet de chambre, qui se montra encore plus inflexible que les deux autres, et ne se relâcha que difficilement à la promesse du troisième tiers ; de sorte qu'il ne resta plus rien au pauvre Mezzetin qui, dès qu'il aperçut le duc, courut à lui et lui dit :

« — Ah ! monseigneur, voici une pièce de théâtre
« que je prends la liberté de vous présenter, et pour
« laquelle je vous prie de me faire donner cent coups
« de bâton. » Cette demande singulière étonna le duc, qui voulut en savoir la raison. « C'est, monseigneur,
« que, pour pouvoir approcher de votre personne,

« j'ai été obligé de promettre à votre suisse, à votre
« laquais et à votre valet de chambre, à chacun un
« tiers de ce que vous auriez la bonté de me donner. »

« Le duc fit une sévère réprimande à ses gens, et envoya cent louis à la femme de Mezzetin, qui n'avait rien promis. »

FIN.

TABLE DES MATIÈRES

	Pages.
Préface	1
Chapitre I. — Préliminaires.	1
II. — *La Commedia dell' arte.*	9
III. — *La Commedia dell' arte* en France. . .	31
IV. — Le Théâtre des *Gelosi*.	59
V. — Le Théâtre des *Gelosi* (suite).	81
VI. — *La Commedia sostenuta.*	103
VII. — Le Théâtre français contemporain des *Gelosi*.	119
VIII. — Les *Fedeli*	129
IX. — Beltrame.	145
X. — *La Commedia dell' arte* en France pendant la jeunesse de Molière.	161
XI. — *Il Convitato di pietra* (le Convié de pierre).	191
XII. — *Lo Ipocrito* et le Tartuffe.	209
XIII. — Retour de Molière à Paris.	225
XIV. — *La Commedia dell' arte* au temps de Molière (à partir de 1662).	265
XV. — *La Commedia dell' arte* au temps de Molière et après lui (à partir de 1668).	293
XVI. — Les derniers temps de la Comédie italienne en France.	311
XVII. — Conclusion.	339
Textes et documents	353
I. — Liste des canevas comiques de Flaminio Scala.	353
II. — Dénoûment d'*il Vecchio geloso*	356

III.	— Analyse de l'*Emilia* de Luigi Groto.	358
IV.	— Sonnets traduits de l'italien de Giovanni-Battista Andreini	360
V.	— Sonnet italien de Brigida Bianchi (Aurelia). .	362
VI.	— Extrait des comptes de la cour relatifs à la représentation du *Bourgeois gentilhomme* . .	363
VII.	— Listes des pièces jouées à Paris par les Italiens, au temps de Molière ou peu après lui. . .	367
VIII.	— Angelo Costantini (Mezzetin).	373

FIN DE LA TABLE DES MATIÈRES.

TABLE DES VIGNETTES

	Pages.
1, 2. Aspect ordinaire de la scène italienne au seizième siècle, d'après des vignettes du temps.	Frontispice.
3. Pantalon	13
4. Le Docteur	15
5. Le Capitan	19
6. Le Zanni	21
7. Franca-Trippa	35
8. Le capitaine Cerimonia	44
9. Arlequin au seizième siècle	55
10. Médaillon d'Isabelle Andreini	100
11. Lavinia	131
12. Fracischina	135
13. Riciulina	137
14. Beltrame	147
15. Scapin	157
16. Scaramuccia	164
17. Scaramouche	171
18. Le vray portrait de M. de Molière en habit de Sganarelle	258
19. Arlequin	281
20. Pierrot	303

FIN DE LA TABLE DES VIGNETTES.

Paris. — Imp. de P.-A. BOURDIER et Cie, rue des Poitevins, 6.

www.ingramcontent.com/pod-product-compliance
Lightning Source LLC
Chambersburg PA
CBHW050423170426
43201CB00008B/512